Teatro(s)
de
Rua
do
Brasil

CIP-Brasil. Catalogação na Publicação
Sindicato Nacional dos Editores de Livros, RJ

T847t

Turle, Licko
Teatro(s) de rua do Brasil : a luta pelo espaço público / Licko Turle, Jussara Trindade. - 1. ed. - São Paulo : Perspectiva, 2016.
184 p. : il. ; 21 cm.

Inclui bibliografia
ISBN 978-85-273-1059-8

1. Teatro brasileiro (Literatura). I. Trindade, Jussara. II. Título.

16-34017

CDD: 869.2
CDU: 821.134.3(81)-2

20/06/2016   21/06/2016

Equipe de realização – Supervisão editorial: J. Guinsburg; Edição de texto: Geisa Mathias de Oliveira; Revisão: Marcio Honorio de Godoy; Capa e projeto gráfico: Sergio Kon; Produção: Ricardo W. Neves, Sergio Kon, Lia N. Marques, Luiz Henrique Soares e Elen Durando.

[PPD]

Direitos reservados em língua portuguesa à

EDITORA PERSPECTIVA LTDA.

Av. Brigadeiro Luís Antônio, 3025
01401-000 São Paulo SP Brasil
Telefax: (11) 3885-8388
www.editoraperspectiva.com.br

2021

Licko Turle
Jussara Trindade

Teatro(s) de Rua do Brasil

a luta pelo espaço público

Apoio

Realização

Sumário

Apresentação   9

Prólogo: Quanto Vale a Rua?   15

PARTE I   **Os Espaços Simbólicos:**
O Teatro de Rua Como Campo de Conhecimento

1   A Rua em Ponto de Mutação:
Perigos e Possibilidades   23

2   Espaço, Rua,
Cidade...   27

3   O Lugar do Teatro de Rua na Cidade
Pós-Moderna   33

4   Do Fazer Teatral à Pesquisa:
Os Coletivos Teatrais de Rua e Seus Modos
de Lidar Com o (Próprio) Conhecimento   49

5   Buscando os Próprios Caminhos:
O Núcleo de Pesquisadores de Teatro de Rua   59

6   Infiltrando-se na Academia: A Criação do GT
Artes Cênicas na Rua da Abrace   73

7   Universidade:
Um Território Conquistado?   93

PARTE II Os Espaços da Cidade:
O Teatro de Rua Como Arte Pública

1 Primórdios:
A Experiência da Sede Pública 103

2 O Tá na Rua
no Largo da Carioca 107

3 Diversão e Arte: O Espaço da Cidade
Como Lugar de Trabalho 113

4 Teatro de Rua:
Arte Essencialmente Pública 119

5 A Necessária Acessibilidade de uma Arte
Que se Pretende Pública 129

6 Caminhos da Arte Pública
no Rio de Janeiro 137

7 A Crise
no Teatro 147

**Teatro(s) de Rua
e Suas Múltiplas Dimensões** 157

Referências 179

Apresentação

A o darmos início à pesquisa contida nesta publicação, constatamos a alegria de podermos retomar a mesma temática, passados cinco anos de intensa produção artística, pesquisa, conquistas inéditas, perdas inevitáveis e desafios gigantescos. Mas, que parâmetros deveríamos adotar para dar início à abordagem dessas novas e velhas questões, se o panorama do teatro de rua no Brasil mudou radicalmente nestes últimos anos? Resolvemos o impasse introduzindo as questões a serem apresentadas neste livro exatamente do ponto em que a pesquisa anterior[1] finalizou, com um desfecho inesperado. Retomemos, portanto, esses acontecimentos.

No dia 24 de julho de 2010, o Grupo Off-Sina, do Rio de Janeiro, divulgou na internet o seguinte e-mail:

Boa tarde,

O Grupo Off-Sina, Companhia de Circo Teatro de Rua com 23 anos de atividade nas ruas, foi proibido e ameaçado de ter seu material apreendido pela Secretaria de Ordem Pública, hoje de manhã, no bairro de Campo Grande, município do Rio de Janeiro/RJ. Mesmo tendo mostrado aos agentes da SEOP o (documento de) "Nada (a) Opor"

1. Cf. L. Turle; J. Trindade, *Teatro de Rua no Brasil: A Primeira Década do Terceiro Milênio.*

da Secretaria Municipal de Cultura, que atestava que o espetáculo *Nego Beijo* tinha o apoio da SMC, a ação de apreensão foi dada e o grupo não pôde realizar o espetáculo, expondo toda a equipe a um vexame público.

O subprefeito da Zona Oeste, Edimar Teixeira, também assinou o "Nada (a) Opor" para que o evento fosse realizado (Nada a Opor n. 348/2010 CVL/CE AP5). Procurado por telefone na hora do "embate" pelo administrador regional de Campo Grande, negou ter assinado o documento que o grupo apresentou como sendo mais um órgão da Prefeitura que tinha autorizado o evento.

O Grupo Off-Sina, que recebeu o Prêmio do Ministério da Cultura/ Funarte Myriam Muniz para montar e circular com a peça *Nego Bejo*, escolheu nove praças, das doze contempladas pelo projeto, na Zona Oeste da cidade do Rio de Janeiro, por ser a região que menos tem aparelhos culturais, embora tenha aproximadamente 1 milhão de habitantes.

O Off-Sina já tinha tido esse mesmo problema na apresentação no Largo do Machado, no dia 19 de julho, quando uma mobilização nacional reverteu a situação.

A atual gestão municipal dá as costas à Constituição da República Federativa do Brasil, que garante os direitos fundamentais, artigo 5º:

Inciso IX — é livre a expressão da atividade intelectual, artística, científica e de comunicação, independentemente de censura ou licença;

Inciso X — são invioláveis a intimidade, a vida privada, a honra e a imagem das pessoas, assegurado o direito a indenização pelo dano material ou moral decorrente de sua violação.

O Off-Sina se apresentará amanhã, dia 25, às 16h00, na Praça Barão de Drumond, em Vila Isabel, e pede o seu apoio para que o sentido republicano seja respeitado na cidade do Rio de Janeiro.

Richard Riguetti – Grupo Off-Sina

Ainda naquele dia, este e-mail seguiu para a gráfica, para a impressão do livro. Já não havia tempo para inserir o seu conteúdo no corpo do texto, mas a mensagem não podia ser ignorada e ficar fora da discussão que pretendíamos iniciar, pois denunciava explicitamente a visão conservadora que muitos setores da sociedade demonstravam possuir acerca dessa modalidade teatral. Dessa forma, o e-mail foi publicado na íntegra, na quarta capa do livro.

Havia, nesse momento, entre os profissionais do teatro de rua, um incômodo generalizado e difuso, porém verdadeiro, oriundo apresentação   11

das relações conflituosas existentes entre esses teatristas e os poderes instituídos, com os quais se defrontavam no ofício cotidiano de sua arte. Em síntese, eram três as questões de fundo:

A resistência direta de agentes instituídos, sobretudo seguranças, policiais e guardas municipais, contra o uso espontâneo do espaço público da cidade revelaria um simples e puro preconceito contra o artista de rua?

As ações perpetradas por funcionários de órgãos públicos de nível intermediário, como secretarias municipais e estaduais que, amiúde, coibiam "à distância" as apresentações de rua por meio de medidas burocráticas, baseavam-se nas leis vigentes nesses locais, as quais até então desconsideravam as artes de rua enquanto formas legítimas de trabalho, vendo-as simplesmente como "perturbação da ordem pública", "vadiagem" ou até "mendicância"?

E, finalmente, a crescente onda de coerção imposta nos últimos anos aos realizadores teatrais das mais diversas localidades do território nacional seria apenas o resultado concreto das questões anteriormente levantadas, ou representaria a consequência de uma situação geral menos óbvia, porém mais profunda, vivida na infraestrutura urbana e relacionada com o efeito nefasto dos processos da globalização sobre o artista-cidadão? Em outras palavras, essas ações pontuais estariam apenas revelando a contradição de que as mesmas leis de mercado que impedem o uso das ruas pelos grupos teatrais autônomos liberam-nas para as grandes empresas?

Apesar dos avanços na luta pelo reconhecimento do teatro de rua no país nos primeiros anos do século XXI, na horizontalidade da prática teatral esses profissionais estavam sendo obrigados a conviver com uma realidade contraditória a essas conquistas. Tampouco a existência do artigo 5º da Constituição Federal parecia ser suficiente para evitar a realidade cotidiana de cerceamento com a qual os teatristas de rua lidavam naquele momento.

Assim, em 2011, surge no Rio de Janeiro um movimento em prol de políticas públicas para as artes públicas, liderado pelo teatrólogo Amir Haddad. O conceito de "arte pública", até então restrito às artes visuais, se expande para toda e qualquer linguagem artística praticada em espaços abertos e públicos. Encontros semanais entre artistas e grupos de rua – realizados na Casa do Tá na Rua (sede do grupo homônimo) – passaram a ser denominados FAP (Fórum de Arte Pública), e acabam por atrair e sensibilizar representantes municipais dos poderes Executivo e Legislativo. Estimulado pelas reflexões e argumentações geradas nessas reuniões, um destes parlamentares elabora e apresenta um projeto de lei[2] para o artista de rua na cidade do Rio de Janeiro. Uma vez aprovada, no ano seguinte, a lei começa a ser replicada por parlamentares de diversas cidades, como São Paulo, Brasília, Porto Alegre, Belo Horizonte, Teresópolis, dentre outras, para garantir o livre exercício do ofício artístico nas ruas e praças do país.

Aos poucos, percebeu-se que a existência da lei n.5.429/2012[3] não garantia, por si só, a liberdade do ator em espaço aberto. Infelizmente, as atuais circunstâncias evidenciam que a luta pelo espaço público se acirra a cada dia. Cinco anos depois, durante um festival de teatro na cidade de Cascavel, no Paraná, mais uma truculência das forças que defendem e protegem a classe dominante obrigou o governo do Brasil, através do Ministério da Cultura/Fundação Nacional das Artes, a sair em defesa de um artista-trabalhador atacado e preso violentamente pela tropa de choque e pela cavalaria do estado do Paraná durante a sua apresentação artística:

Nota Oficial da Funarte (publicada em 17 de agosto de 2015)

Prisão do palhaço Tico Bonito (PR)

A Fundação Nacional de Artes – Funarte repudia com veemência a prisão arbitrária sofrida pelo palhaço Tico Bonito, enquanto este se apresentava na rua, na última sexta-feira, na cidade de Cascavel, no Paraná.

A prisão foi efetuada sob a alegação de um suposto "desacato à autoridade". Na verdade, como comprova o vídeo disponível na internet[4], o palhaço apenas fez críticas públicas à Polícia Militar, no que está dentro de seus direitos, assegurados pela Constituição. Ao agir com violência e arbítrio, configurando um abuso de autoridade, infelizmente a Polícia Militar acabou por confirmar as críticas proferidas pelo palhaço.

A Funarte se solidariza com o artista e o cidadão Tico Bonito e espera da Polícia Militar de Cascavel uma nota repudiando a ação de seus policiais.

Francisco Bosco

Presidente da Fundação Nacional de Artes – Funarte

2. Projeto de lei n.931/2011, do vereador Reimont (PT/RJ).

3. A lei n.5.429/2012 – "Dispõe sobre a apresentação de Artistas de Rua nos logradouros públicos do Município do Rio de Janeiro".

4. Disponível em: <https://www.facebook.com/PalhacoTicoBonito/posts/68731244473033038>.

apresentação 13

Reproduzimos, abaixo, o texto do e-mail postado pelo artista Tico Bonito no grupo virtual de discussão dos articuladores da Rede Brasileira de Teatro de Rua, que deu repercussão nacional ao ocorrido:

[15 de agosto]
Boa tarde,

Venho agradecer de todo coração a todas as mensagens de apoio que estou recebendo pelas redes sociais. Eu ainda não assimilei direito o que aconteceu, acredito que estou ainda em choque, mas quando assisto aos vídeos, além de parecer que não é comigo, reconheço meu rosto na situação.

A mídia (G1, principalmente) manipulou bastante as informações, erroneamente.

Segue o link mostrando o que aconteceu ontem à tarde, durante a apresentação do espetáculo Licença Preu Passar, que estava acontecendo dentro da programação do Festival de Teatro de Cascavel, no Paraná.

Por que a violência contra a arte pública?

Seria porque, neste século, as ruas e praças das urbes teriam pretendido retomar a sua função social e política a partir da disseminação de manifestações populares recentes como as da chamada Primavera Árabe, ou pelo acelerado processo de privatização e exploração de todo e qualquer espaço público pelo capital?

Se ainda não nos é possível apontar uma resposta satisfatória para essas perguntas – uma vez que, por estarmos imersos neste momento histórico, nossa visão pode não ser suficientemente clara e distanciada dos fatos dos quais somos contemporâneos –, tentaremos, com este livro, ao menos registrar alguns aspectos das lutas pelos espaços urbanos, físicos e imaginários travadas diariamente pelos fazedores teatrais de rua; tais lutas ressoam no trabalho do ator e em seus modos de relacionamento com a cidade e os seus cidadãos.

Licko Turle
Jussara Trindade

Prólogo: Quanto Vale a Rua?

Desde o surgimento da noção de cidade, tanto no ocidente como no oriente, a rua cumpre várias funções sociais. Dentre elas, a de comunicação e interligação entre os seus pontos concretos, fixos: casas, prédios, calçadas, fontes, jardins. Mas a rua também transporta fluxos de ideias e ideologias, seja no corpo de seus usuários ou nos símbolos, signos e sinais que a constroem.

Até a ascensão da burguesia, que introduziu na Europa a oposição entre as esferas do público e do privado, exceto em alguns momentos e por razões específicas para sua proibição, atividades artísticas eram realizadas livremente nas ruas, praças, adros, feiras e mercados. Ao longo do tempo, porém, a crescente valorização da vida privada e as necessidades decorrentes desse novo modo de vida propiciaram que se estabelecesse uma concepção hegemônica sobre os serviços privados como fundamentais à sociedade em geral, além de serem considerados *a priori* como de melhor qualidade.

A partir da Revolução Industrial, a exploração privada de serviços básicos se expandiu e diversificou, em detrimento daqueles públicos e coletivizados, inicialmente propalados pelo ideário burguês como um direito de todos: educação e saúde, por exemplo. A ideia de mercadoria avança, gradualmente, para além daquilo que é objetivamente material, alcançando as atividades em si (surgem profissões, especialistas, a firma reconhecida e "um nome a zelar") e, finalmente, os bens imateriais, como a cultura e a arte.

Sob o domínio do privado, as obras artísticas consideradas "de qualidade" são levadas para as salas fechadas. O acesso ao teatro, à música, à dança, à pintura etc. passa a ser reservado àquela pequena parcela da população cuja posição na escala social e econômica lhe possibilita pagar para usufruir do prazer estético e do conhecimento produzido pela obra de arte, confinada agora em casas de ópera, prédios teatrais, museus e galerias; ou ainda, para satisfazer a extratos sociais menos privilegiados, a arte como mercadoria de entretenimento alimenta cafés, bares, bulevares, cineteatros e outros espaços das cidades que florescem sob os auspícios da modernidade.

Enquanto isso, as ruas permanecem no mapa imaginário da cidade como territórios sem dono, essencialmente públicos e, portanto, inexplorados pelo capital privado. Não por acaso, é nesse espaço virtual e de puro fluxo que se expõem a miséria, a fome, a doença e os perigos da cidade; enfim, todas as mazelas da sociedade moderna que permanecem externas aos espaços privados. E é essa "terra de ninguém" das ruas o lugar reservado aos artistas para quem a arte não se configura como produto e lucro, mas como sobrevivência e sustento.

Contudo, o *boom* da internet ocorrido na virada do milênio irá revelar a existência de novos territórios a serem descobertos, quiçá ocupados: aqueles espaços virtuais, acessíveis apenas por meios eletrônicos, que até então apresentavam possibilidades impensáveis em termos econômicos. Cada vez mais tornam-se perceptíveis os potenciais dos diversos tipos de fluxos – de ideias, imaginários, desejos, sonhos – para viabilizar o grande projeto *capitalístico* que, segundo Félix Guattari, virá suceder ao capitalismo moderno anterior e expandi-lo para o Leste europeu e para além do continente americano[1].

As ruas, emblemáticas dos fluxos urbanos, por onde circulam pessoas, bens e pensamentos, serão agora espaços a serem também explorados economicamente, sobretudo nos territórios onde a nova forma de domínio do capital pode se expan-

1. Cf. F. Guattari; S. Rolnik, *Micropolítica*.

prólogo: quanto vale a rua?

dir sem maiores entraves legais. O pensamento mercadológico que há dois séculos passados avançara sobre a arte, criando para si os espaços fechados como redutos da alta cultura, irá doravante tratar de extravasar a lógica do privado para além desses limites físicos, em direção às ruas da cidade. Assim, na cidade pós-moderna o capital irá colocar seu foco na valorização (monetária) dos espaços públicos urbanos.

A exploração das ruas pode render altos lucros a baixo custo, bastando-se para isso criar salas privadas efêmeras que possibilitem a realização de eventos culturais de massa garantidos pela venda de espaço publicitário e/ou direitos de transmissão em âmbito nacional/internacional a preços vultosos. De cerca de vinte anos para cá, expressões que evocam a visualidade e a teatralidade da "sociedade do espetáculo"[2] – como *cidade como palco* ou *cenas da cidade* – caminharam ao lado de uma verdadeira cultura de eventos que se disseminou por todo o país, sob as mais variadas formas e ligadas a atividades de diversas naturezas. Das corridas automobilísticas em circuitos de rua às ingênuas e saudáveis maratonas dominicais com os amigos e a família, passando pela transmissão *ao vivo* dos cortejos de blocos de carnaval de rua ou no bucólico pedalar de bicicletas disponibilizadas a clientes, tudo é transformado em *outdoors* temporários que invadem as vias urbanas: seja na camiseta ou no boné do incauto maratonista amador, seja no abadá colorido do turista, ou ainda na carrocinha do vendedor ambulante, todo espaço possível é utilizado para colocar à vista a logomarca do banco, do computador, do celular, do televisor de última geração, do novo refrigerante ou cerveja.

É deflagrado um processo avassalador de *merchandising* de eventos artísticos, esportivos e outros, realizados em áreas públicas urbanas, que ganha força junto às bancadas políticas em todas as esferas decisórias do poder público, levando à criação de leis de incentivo à cultura baseadas em mecanismos de renúncia fiscal que, no limite, beneficiam não os produtores culturais de pequeno e médio porte, mas os escritórios de *marketing* de grandes empresas e conglomerados transnacionais. Tudo é transmitido ao vivo ou em VT para as telas domésticas através das quais as logomarcas dos patrocinadores podem penetrar nos incautos neurônios habitantes do "lar doce lar". Festivais de arte, "viradas" culturais,

2. Cf. G. Debord, *A Sociedade do Espetáculo.*

festas cívicas, aniversários dos municípios, festas agropecuárias do peão boiadeiro e até certos cultos religiosos – tudo aquilo que nos dias atuais pode ser abarcado pela ampla noção de "cultura" é perpassado por uma concepção mercadológica.

A hegemonia dessa cultura de eventos em nossos dias irá influenciar, inclusive, o *modus operandi* da criação e produção dos espetáculos teatrais de parte significativa das companhias e grupos já atuantes nos espaços abertos, de forma a levá-los muitas vezes a adequar a linguagem estética e plástica de suas obras a padrões midiáticos, com o objetivo de "cair no gosto" de curadores, compradores e vendedores de atrações espetaculares para os beneficiários das leis de renúncia e incentivo fiscal. Em contrapartida, por todo o país despontam (e desaparecem, com a mesma velocidade) novos grupos e artistas de rua, estimulados pela aparente acessibilidade dos espaços públicos e súbita valorização dos logradouros como legítimos espaços das artes populares.

É digno de nota que certos espaços urbanos – onde há grande confluência e trânsito de pedestres, como as estações de ônibus, rodoviárias, chafarizes, cercanias das prefeituras (toda cidade possui pelo menos uma dessas praças centrais, próximas a catedrais) e, principalmente, orlas marítimas – tenham passado, nos últimos anos, a ser disputados pelos grandes produtores culturais e pela mídia, pois a utilização desses espaços, em princípio públicos, tornou-se um negócio bastante lucrativo para grandes eventos. A possibilidade de novos usos da cidade não passou despercebida; nem pelos governos, nem pela academia, nem pelos artistas-trabalhadores das ruas, e muito menos pelo mercado globalizado. O espaço público torna-se, hoje, objeto de disputa em diferentes campos.

Para o teatro de rua, esse fenômeno traz consigo novas exigências, que vão além das questões da cidade como espaço cênico. Se até recentemente trabalhar nas ruas parecia garantir aos fazedores teatrais certa legitimidade histórica e originária[3], agora é preciso *desnaturalizar* a rua – enquanto espaço "original" do teatro de rua – e

3. É fato exaustivamente reconhecido pela historiografia do teatro ocidental que o seu nascimento se situa nos cortejos festivos denominados ditirambos, por meio dos quais os antigos camponeses gregos homenageavam o deus Baco, na época das colheitas da uva. Ou seja, hoje já é ideia consagrada a origem rural do teatro ocidental; origem essa muito distante, temporal e espacialmente, dos grandes anfiteatros gregos onde tragédias e comédias passaram a ser encenadas, a partir do século V a.C., quando o tirano Pisístrato levou para Atenas aqueles antigos rituais campestres, transformados agora em grandes festivais urbanos.

prólogo: quanto vale a rua?

problematizar o espaço urbano, levando em conta o diálogo, nem sempre tão coloquial ou amistoso, entre as diversas dimensões do público e do privado em relação às artes de rua.

Enquanto a rua nada valia, havia apenas um teatro de rua, aquele ao qual era atribuído pouco ou nenhum valor estético: o teatro popular do mamulengo, do cordel, das brincadeiras do Cavalo-Marinho, do Bumba-Meu-Boi, do Reisado. Um teatro fortemente vinculado à cultura rural e agrária, num país desejoso de esquecer as suas origens rurais e agrárias; como consequência, um teatro que foi sistematicamente esquecido, ou negligenciado, pela historiografia oficial do teatro brasileiro.

Com a ditadura militar, um teatro de rua urbano, "de militância", aparece nos anos de 1960, no Brasil. Um teatro de rua singular, para um tempo singular. Mesmo nos períodos de maior endurecimento, desde que não se manifestassem diretamente contra o regime, os grupos que iam para as ruas não sofriam repressões *a priori*. A atenção da censura e a violência policial se dirigiam não para a rua, mas para os espetáculos de sala[4] que apresentassem conteúdo considerado subversivo pelas autoridades de então. Algumas encenações de rua da época foram, de fato, reprimidas – o teatro de agitação do Centro Popular de Cultura da União Nacional dos Estudantes, CPC da UNE, é um caso exemplar – e, por esse viés político de militância estudantil, o teatro de rua brasileiro foi algumas vezes interpretado em seu conjunto. Foi esta, contudo, somente uma dentre as diversas expressões cênicas de rua surgidas ao longo das últimas décadas do século XX através das quais o teatro de rua logrou expandir aquele conceito inicial que o atrelava a um teatro estritamente *popular*, isto é, um teatro entendido como sendo feito por e para as classes menos favorecidas da sociedade brasileira.

Os anos de 1970-1980 viram uma eclosão de grupos teatrais no país, dos quais uma parte significativa optou pelos espaços das ruas, pautando-se em distintas orientações ético-estéticas. Destes, alguns adotaram os princípios do teatro épico, explorando recursos do distanciamento brechtiano, tal como a Tribo de Atuadores Ói Nóis Aqui Traveiz, de Porto Alegre; outros criaram suas próprias estéticas, carnavalizantes, como o Grupo Tá na Rua, do

4. Em 1968, por exemplo, o Teatro Ruth Escobar, em São Paulo, foi invadido e depredado durante a apresentação de *Roda Viva*, peça de Chico Buarque, e o elenco espancado pelo Comando de Caça aos Comunistas.

Rio de Janeiro; outros, ainda, mantiveram-se fiéis aos elementos da cultura popular, como o Grupo Imbuaça, de Aracaju. Nos primeiros anos do século XXI, diversificaram-se não apenas grupos "de rua", mas propostas cênicas contemporâneas em que a cidade torna-se o elemento definidor da própria teatralidade: a cidade como "cenário" da representação[5], lócus de intervenção urbana[6] ou, ainda, como "dramaturgia"[7].

Hoje, encontramos não somente um, mas muitos teatros de rua na cidade globalizada: além dos teatros das performances culturais, somam-se muitas outras propostas que estabelecem diferentes diálogos com o espaço urbano. Nessa perspectiva, a cidade é ora *negociada*, ora *assaltada*[8], mesclando distintos modos de relacionamento: seja pela adesão ou pela invasão; por meio do apelo à estética popular ou ao imaginário contemporâneo; apresentando-se com respaldo oficial ou de forma amadorística. Os vários teatros de rua do Brasil são a mais evidente constatação da inventividade cênica dos fazedores teatrais brasileiros neste início de século.

Abrir a discussão e um olhar atento para esses múltiplos teatros de rua, abordando alguns dos caminhos que têm percorrido nas últimas décadas em função de suas disputas – de pensamento, políticas e econômicas – pelo espaço público, torna-se, para os seus artistas-pesquisadores-trabalhadores, um imperativo dos dias atuais. Cabe-nos, portanto, o desafio de registrar e dar visibilidade a esses processos, expor sua potência e ampliar seus limites, para que esse teatro vivo e pulsante não permaneça relegado a um plano secundário em relação às modalidades teatrais cuja importância já é reconhecida, mas, ao contrário, passe a ocupar o seu merecido lugar dentro do panorama teatral brasileiro da atualidade.

---

5. Como o espetáculo BR-3 do Teatro da Vertigem, encenado em uma embarcação dentro do rio Tietê, em São Paulo, em 2006.

6. Performances de rua criadas por coletivos contemporâneos, como o Núcleo Bartolomeu de Depoimentos, de São Paulo, ou o Heróis do Cotidiano, do Rio de Janeiro.

7. A cidade entendida como a dramaturgia do "teatro de invasão" é o fundamento teórico do espetáculo *Das Saborosas Aventuras de Dom Quixote de La Mancha e Seu Escudeiro Sancho Pança (Um Capítulo Que Poderia Ter Sido)*, encenado pelo Grupo Teatro Que Roda, de Goiânia, em diversas cidades do país desde a sua estreia, em 2006.

8. L. Kosovski, Espaço Urbano e Performance Teatral, O Percevejo, n. 12, p. 219-224.

PARTE I

Os Espaços Simbólicos:

o teatro de rua como
campo de conhecimento

1

A Rua em Ponto de Mutação: Perigos e Possibilidades

Há algum tempo, o teatro de rua vem conquistando, no país, espaços de legitimidade dentre as modalidades teatrais já consagradas no campo acadêmico[1]. Contudo, a produção de dissertações e teses sobre o tema é ainda bastante incipiente[2], e as obras escritas pelos próprios teatristas de rua revelam, em geral, uma preocupação mais voltada para o registro e documentação histórica do que teórico-conceitual. Essa situação lacunar já foi observada por pesquisadores brasileiros que vêm buscando modificar esse panorama[3] por meio de estudos voltados para temáticas mais específicas, tais como a preparação corporal do ator de rua, as relações do teatro de rua com o espaço público urbano e com a comunidade, dentre outros assuntos relevantes.

A essas considerações preliminares é preciso acrescentar, ainda, que a falta de uma produção acadêmica mais consistente acaba contribuindo

1 Nos últimos anos, surgiram novos cursos e linhas de pesquisa em pós-graduação na área, foi criado o GT Artes Cênicas na Rua, na Associação Brasileira de Pesquisa e Pós-Graduação em Artes Cênicas e, no final de 2011, implantado, na Unirio, o projeto Teatro do Oprimido e Teatro de Rua: Novos Campos nos Estudos da Performance, com apoio da Faperj.

2. A pesquisa realizada durante a elaboração do livro *Teatro de Rua no Brasil: A Primeira Década do Terceiro Milênio* revelou que, de 1983 até 2009, haviam sido escritos apenas 21 trabalhos acadêmicos que abordavam temas ligados a essa modalidade.

3. Cf. A. Carreira, Reflexões Sobre o Conceito de Teatro de Rua, em N. Telles; A. Carneiro (orgs.), *Teatro de Rua: Olhares e Perspectivas*, p. 20-37; R.K.S. Lemes, *Entre o Corpo e a Rua*; N. da S. Turle, *Teatro de Rua É Arte*

Pública; A.A.Teixeira, *Identidade e Território Como Norte do Processo de Criação Teatral de Rua*.

4. A predominância de farsas em eventos teatrais de rua já foi observada pela pesquisadora teatral Rosyane Trotta, durante debate crítico realizado no Circuito Boa Praça, no Rio de Janeiro, em 2011. E, no XV Encontro Nacional de Teatro de Rua de Angra dos Reis, ocorrido em novembro daquele ano, dentre os doze espetáculos apresentados na Ilha Grande, seis continham temática nordestina, embora apenas um destes coletivos fosse oriundo da região Nordeste: o Grupo Sinos, de Teresina (PI), que apresentou *Dona Flor e Seu Único Futuro Marido*; além disso, apenas dois não seguiram uma dramaturgia cômica-popular: o Coletivo Teatro da Margem (MG), com *A Saga no Sertão da Farinha Podre*, e o Buraco d'Oráculo (SP), com *Ser Tão Ser: Narrativas da Outra Margem*.

5. Erro Grupo (Florianópolis/SC); Teatro que Roda (Goiânia/GO); Coletivo Teatro da Margem (Uberlândia/MG); Teatro de Operações (Rio de Janeiro/RJ).

6. Cf. A. Carreira, Formação do Ator e Teatro de Grupo, em R.B. de Aquino; S.D. Maluf (orgs.), *Dramaturgia em Cena*, p. 49-59.

7. Cf. L. Kosovski, *Comunicação e Espaço Cênico*; R.J.B. Cardoso, *A Cidade Como Palco*; N. Telles; A. Carneiro (orgs.), *Teatro de Rua: Olhares*.

para perpetuar concepções simplistas do teatro de rua, favorecendo a multiplicação de produções artísticas que tendem a repetir de forma quase estereotipada (inclusive por parte de grupos jovens, vinculados ou não a universidades) a tradicional temática cômico-popular[4], sem arriscarem outras linguagens teatrais mais inovadoras no espaço da rua. Dentro desse quadro, um "teatro de invasão" proposto pelo diretor André Carreira constitui uma exceção que vem influenciando, nos últimos anos, a produção de grupos teatrais de rua[5] de várias regiões do país.

Por muito tempo, essa modalidade constituiu um elemento estranho ao ambiente acadêmico, que praticamente desconhecia a sua potência e importância. Hoje, com o desenvolvimento do teatro de rua no país e a sua crescente inserção nos currículos dos cursos oficiais, essa situação começa a se modificar. Mas, advém daí um novo problema: pelas condições particulares que moldaram o seu desenvolvimento no país, a aprendizagem do teatro de rua ainda se dá predominantemente dentro do próprio grupo, através de um "modelo periférico" de formação do ator[6], e não dentro dos espaços oficiais de ensino. Como hoje em dia, apenas uma minoria desses teatristas atua como artista-docente em escolas e universidades, dentro do ambiente acadêmico o teatro de rua enfrenta, antes de tudo, o desafio de construir as suas próprias referências, uma vez que as já instituídas dificilmente atendem às exigências colocadas pelo espaço que lhe é inerente. Tal dificuldade tende, felizmente, a se dissipar com as novas abordagens e pesquisas que vêm tentando compreender a teatralidade em relação ao espaço público aberto da rua[7].

Esses trabalhos de pesquisa revelam que o teatro de rua tem aspectos e exigências diferentes daquelas a que a sociedade ocidental moderna e contemporânea acostumou-nos a compreender como sendo inerentes ao teatro. Não obstante, as concepções predominantes a

os espaços simbólicos

respeito dessa arte cênica – vinculadas ao padrão "culto" do palco à italiana – provêm das referências ainda determinantes nesse campo. Em que pesem as extraordinárias inovações trazidas pelos grandes expoentes do século xx, sobretudo quanto à quebra das fronteiras do espaço cênico, a lógica do teatro de sala, ainda prioritária, acaba impondo a sua própria estética, levando grande parte dos artistas de rua a adotarem ainda, para todo e qualquer espaço cênico, os princípios do palco à italiana, mesmo que o espetáculo se realize numa sala em arena, numa praça a céu aberto ou ao longo de um percurso pelas ruas da cidade. Assim, é comum encontrar, em espetáculos de rua, indícios dessa hegemonia estética que ultrapassa os limites do palco: a frontalidade da cena, o excesso de texto literário dialogado, o uso de técnicas de canto lírico na preparação vocal do ator, a presença da quarta parede a separar atores e público, cenários naturalistas, para citar apenas alguns.

Pretendemos, com a finalidade de problematizar essa concepção hegemônica, trazer à tona algumas reflexões ligadas basicamente ao conceito de espaço cênico, que diz respeito ao teatro em seu escopo mais primário – tal como explicita a célebre definição apresentada por Peter Brook: "Posso escolher qualquer espaço vazio e considerá-lo um palco nu. Um homem atravessa este espaço vazio enquanto outro o observa, e isso é o suficiente para criar uma ação cênica."[8] Desse ponto de vista, o "teatro" enquanto tal refere-se essencialmente ao ator (aquele que age), ao receptor (aquele que observa) e ao espaço cênico (o lócus do acontecimento cênico). Partiremos, aqui, da noção de "espaço cênico" para discutir o teatro de rua, apresentando a questão sob a perspectiva acadêmica prioritária nos últimos anos: a que privilegia os estudos sobre a *cidade*, quando o tema em pauta é o espetáculo que se realiza externamente ao edifício teatral.

Como o teatro de rua carrega no próprio nome a ideia de certo espaço topográfico da cidade – a rua –, tornou-se senso comum nos meios teatrais estabelecer uma relação direta entre a modalidade e esse elemento típico dos espaços urbanos. Contudo, já é conhecimento corrente, hoje, que o termo "rua" precisa ser relativizado quando se fala em teatro "de rua", porque este não é, definitivamente, o

e Perspectivos; A. Carreira, *Teatro de Rua: Brasil e Argentina nos Anos 1980*; N. da S. Turle, *Teatro de Rua É Arte Pública.*

8. P. Brook, *A Porta Aberta*, p. 4.

único lugar que artistas e coletivos teatrais de rua (pelo menos, no Brasil) utilizam em suas apresentações.

Na realidade, espetáculos "de rua" são apresentados nos mais diversos espaços, sejam nas cidades ou fora delas: praças, largos, jardins, parques, calçadas, escadarias, monumentos, entradas e terraços de edificações, *foyers*, pátios de estacionamentos, vilas, estações de trem e metrô, terreiros, quadras esportivas, pátios de escolas, campos de futebol, praias e orlas marítimas, trapiches, barrancos de rios, conveses de embarcações, terrenos baldios, construções abandonadas, pontes, viadutos, ladeiras, alamedas, avenidas, "passarelas de samba" e até nas ruas propriamente ditas, sobretudo em seus cortejos de abertura ou em manifestações/intervenções urbanas.

A "rua" parece, entretanto, ser o termo que se mantém no jargão teatral como uma espécie de denominador comum a todas as expressões cênicas que se apresentam fora do edifício teatral convencional, sob as condições próprias de espaços que, a princípio, podem ser usufruídos por qualquer pessoa que por ali estiver passando, transformando-se momentaneamente em espectador ocasional. Iniciaremos esta discussão, portanto, abordando metodologicamente a questão do "espaço" no teatro praticado em espaços abertos das cidades brasileiras. Com isso, pretendemos nos aproximar das concepções correntes sobre o teatro de rua abordadas nos espaços formais de ensino na atualidade.

2 Espaço, Rua, Cidade...

Ao debruçar-se sobre a noção de espaço, logo de início, o teórico francês Patrice Pavis observa que a tentativa de defini-la é "uma empreitada tão vã quanto desesperada"[1]. Não obstante, encontramos em sua obra algumas distinções que procuram clarificar cada um dos espaços, segundo ele, abarcados pelas teorias teatrais: 1. espaço dramático; 2. espaço cênico; 3. espaço cenográfico ou teatral; 4. espaço lúdico ou gestual; 5. espaço textual; e 6. espaço interior. Poderíamos aproximar o teatro de rua das seguintes definições, pinçadas desse conjunto:

- O espaço cenográfico/teatral "é o espaço cênico, mais precisamente definido como o espaço em cujo interior situam-se público e atores, durante a representação"[2]; e
- O espaço lúdico/gestual "é o espaço criado pelo ator, por sua presença e seus deslocamentos, por sua relação com o grupo, sua disposição *no palco*"[3].

Não há dúvida de que as definições de Pavis foram elaboradas para o teatro de palco; contudo, há outros

[1]. P. Pavis, *Dicionário de Teatro*, p. 132.
[2]. Ibidem.
[3]. Ibidem (grifo nosso).

modos de conceber o espaço no teatro que permitem estabelecer um diálogo mais frutífero com o teatro de rua, pois as questões relativas ao espaço teatral que mais interessam a esta discussão são aquelas diretamente ligadas aos espaços abertos urbanos – campo de investigação que apenas há alguns anos vem recebendo um tratamento teórico consistente por parte de estudiosos brasileiros[4], e também mais específico por pesquisadores que também são teatristas de rua[5].

Até recentemente, as investigações sobre a rua, o ambiente urbano, a cidade e suas múltiplas dinâmicas estavam praticamente restritas aos estudos da Sociologia, da Arquitetura ou do Urbanismo. Contudo, o imperativo de realizar estudos que transcendam a ideia de espetáculo enquanto fenômeno isolado do seu entorno traz para os pesquisadores teatrais da atualidade a necessidade de penetrar nesse universo maior da cidade que, conforme observa Carreira, "porta um quadro de significação prévio à intervenção teatral"[6]. O espaço da cidade pode ser, então, compreendido não como simples suporte físico/estrutural do espetáculo, ou seja, como cenário ou "palco", mas como lugar que, ao ser *praticado* cenicamente, torna-se também *espaço teatral*[7] cujo relevo oferece função e sentido ao teatro "nômade" da contemporaneidade, em suas "poéticas de autoexílio"[8]. E, mais ainda, a cidade se oferece à experiência teatral também como espaço a ser abordado em sua dimensão *dramatúrgica*, de acordo com a proposta do "teatro de invasão" que o encenador e pesquisador teatral André Carreira vem desenvolvendo há alguns anos, no âmbito do teatro de rua.

Segundo Ismael Scheffler[9], Carreira identifica diferentes eixos para uma possível leitura dos potenciais dramatúrgicos da cidade: "o histórico, o estético, o funcional, o morfológico, o social e o político". A importância dessa proposta de organização semiológica, baseada na hipótese de uma "escrita" urbana[10], reside no fato de que ela pressupõe a cidade como um espaço vivo – atravessado por inúmeras linhas de energia, tensões, fluxos e dinâmicas, categorias fluidas cuja existência se dá basicamente em função de sua mobilidade e

4. Cf. L. Kosovski, *Comunicação e Espaço Cênico*; R.J.B. Cardoso, *A Cidade Como Palco*; E.F.W. Lima, *Das Vanguardas à Tradição*.

5. Cf. A.M.P. Carneiro, *Espaço Cênico e Comicidade*; N. Telles; A. Carneiro (orgs.), *Teatro de Rua: Olhares e Perspectivas*; A. Carreira, *Teatro de Rua: Brasil e Argentina nos Anos 1980*.

6. A. Carreira, *Reflexões Sobre o Conceito de Teatro de Rua*, em N. Telles; A Carneiro (orgs.), *Teatro de Rua: Olhares e Perspectivas*.

7. Cf. L. Kosovski, *Espaço Urbano e Performance Teatral*, em O Percevejo, n. 12, p. 219-224.

8. Idem, *A Casa e a Barraca*, em N. Telles; A Carneiro (orgs.), *Teatro de Rua: Olhares e Perspectivas*, p. 8-19.

9. I. Scheffler, *Diferentes Camadas de Recepção em A Breve Dança de Romeu e Julieta*, em A. Carreira et al. *Teatralidade e Cidade*, p. 28. Anotações de Ismael Scheffler, então discente do Programa de Pós-Graduação em Teatro – PPGT/Udesc, feitas em aulas da disciplina A Cidade e o Teatro, ministrada por André Carreira, em 2009.

10. Cf. H. Lefebvre, *O Direito à Cidade*.

os espaços simbólicos

interpenetrabilidade, tal como as ondas sonoras que transportam pelo ar a música produzida num espetáculo de rua – e não como o espaço bidimensional de uma planta baixa ou de uma partitura musical escrita.

Assim entendida, a cidade se coloca como objeto absolutamente singular ao ser estudada no âmbito do teatro de rua pelas condições peculiares que instaura na cidade, possibilitando que diferentes *lugares* do urbano sejam ressignificados como espaços teatrais quando *praticados*[11] pelo espetáculo. Dentre várias temáticas pertinentes aos estudos do fenômeno cênico, a da recepção cênica adquire aqui especial importância, por apontar mais um possível caminho para o delineamento de uma estética própria ao teatro de rua, enquanto modalidade teatral que dialoga intensamente com a cidade mediante suas propostas estéticas, colocadas em cena por meio dos projetos de artistas e coletivos teatrais de rua.

Até pouco tempo atrás, a maioria dos grupos de rua brasileiros utilizava em suas apresentações uma disposição espacial circular que, considerava-se, facilitaria a aproximação do público por todos os lados, estabelecendo com este uma relação, em princípio, igualitária. Por vários anos, a roda foi o espaço preferencial dos fazedores teatrais de rua, sobretudo aqueles que mantinham relações mais estreitas com as expressões da tradição popular e tinham sua proposta estética baseada em manifestações, folguedos e festividades de caráter religioso/profano. De alguns anos para cá, porém, o desejo de um espetáculo deambulante que caminhasse pelas ruas, saindo de seu nicho de segurança dentro da "bolha" formada pelos atores em ação para penetrar nos complexos fluxos urbanos, levou muitos coletivos a estabelecerem outros tipos de espacialidade cênica e, portanto, outras formas de relação com o público e com a cidade.

Nesses espetáculos, os deslocamentos espaciais dos atores e das próprias cenas rompem com a estaticidade comumente atribuída ao teatro de rua em função da espacialidade em roda, predominante na vertente tradicional dessa modalidade, criando em alguns momentos diferentes situações de intervenção ativa sobre o espaço urbano – procedimento mais ligado a uma proposta contemporânea e "invasora" de teatro de rua[12] em que a cena teatral toma repentinamente,

11. Cf. M. Certeau, *A Invenção do Cotidiano 1*.

12. A. Carreira, *Procedimentos de um Teatro de Invasão*, Cavalo Louco, n. 5, p. 14-15.

a cidade "de assalto"[13]. Essas interferências estão presentes, por exemplo, em espetáculos de alguns grupos teatrais de rua que investigam outras formas de espacialidade em espaço aberto, como é o caso da Grande Companhia Brasileira de Mystérios e Novidades, do Rio de Janeiro, ou do grupo Buraco d'Oráculo, de São Paulo. No espetáculo *Ser TÃO Ser: Narrativas da Outra Margem*, deste último, é possível observar tal tipo de pesquisa de linguagem cênica de rua, que se explicita de várias maneiras como: na ação fragmentada dos atores e nas relações que estes estabelecem com os transeuntes por quem passam durante uma perambulação aleatória; quando um espectador eventual segue os atores pela rua, ouvindo fragmentos de relatos de personagens que saem em busca de seu destino, sem indicar ao certo qual direção o espetáculo irá seguir; e mesmo na roda que se forma momentaneamente ao redor dos atores, quando uma história é narrada diretamente ao público que se aproxima, curioso com aquela movimentação que interrompe os usos cotidianos da cidade.

André Carreira comenta que o teatro de rua é capaz de promover "diferentes planos de atenção dos espectadores", tanto pelo caráter flutuante e eventual do público na rua quanto pela ausência de restrições que este encontra no espaço aberto da cidade: "Na rua, as convenções sociais não são tão rígidas como as de uma sala de espetáculos, e como o cidadão não paga entrada nem tem lugar fixo para assistir à representação de rua, se sente, em todo momento, em liberdade de entrar ou sair do âmbito da representação."[14]

A situação de mobilidade própria do espectador que assiste a um espetáculo realizado no espaço público acaba por desenvolver fruições estéticas também diferenciadas, que variam desde a percepção superficial de alguns relances da ação individual dos atores até a experiência total de acompanhá-los de perto, durante toda a apresentação. Como observa Carreira:

13. Cf. L. Kosovski, Espaço Urbano e Performance Teatral, *O Percevejo*, n. 12.

14. A. Carreira, *Teatro de Rua: Brasil e Argentina nos Anos 1980*, p. 47.

Não cabem dúvidas de que as linguagens empregadas na cena tratam de dialogar de forma simultânea com os diferentes níveis de atenção do público. O ponto de vista preferencial onde se localizaria o "espectador ideal" é, no teatro de rua, virtual e não pode ser determinado *a priori*. [...] O público está, então, potencialmente

os espaços simbólicos   31

condenado a um movimento permanente, ainda quando não esteja obrigado a se deslocar para seguir o espetáculo.[15]

É o que se verifica no espetáculo teatral de natureza movente, quando apresentado em espaços abertos. O mesmo espectador que em determinado instante se encontra, talvez por acaso, num ponto de visão privilegiado em relação a uma cena, logo no momento seguinte é destituído desse privilégio, porque a cena se desfez, criando uma nova necessidade de acomodação espacial. Por várias vezes, o público é desafiado a viver com os atores uma experiência de desequilíbrio, incômodo ou desterritorialização.

Equilibrando-se, por vezes precariamente, entre a tensão e a distensão que os relatos e a ação cênica lhe provocam, o público que acompanha permite-se fazê-lo a partir de diferentes pontos – de vista e de escuta –, fruindo o espetáculo de distintas formas: ora mais próximo, ora mais distante, ora "dentro" da própria cena, "jogando" o espetáculo junto com os atores. Esse estado de permanente suspense é o que, muitas vezes, irá manter a atenção do transeunte que, quase sempre inadvertidamente, tornou-se espectador de teatro. E os teatristas de rua parecem estar prontos a investigar o espaço cênico sob essa perspectiva, inclusive com o risco de desistência de parte dos espectadores no decorrer da apresentação. A alta rotatividade de público é, cada vez mais, compreendida pelos fazedores teatrais como parte intrínseca ao espetáculo de rua, representando até um elemento construtor da cena, o que abre novas possibilidades dramatúrgicas e de recepção para o teatro de rua.

15. Ibidem, p. 47-48.

3 O Lugar do Teatro de Rua na Cidade Pós-Moderna

A rua nos ensurdece por sua polifônica, polissêmica e insurgente profusão de ruídos: de pregações e de pregoeiros, de cantos ensaiados e improvisados: tantas vezes bêbados, de sirenes e de patrulheiros, de assovios e de cancioneiros, de repentes e de rompantes: individuais e coletivos [...] A cidade é constituída por incontável número de coros. Em qualquer cidade – e por mais desatentos que sejam os cidadãos a circular, de um destino a outro, sem prestar atenção ao trajeto e aos seus tantos obstáculos – há nas artérias pulsantes que se caracterizam em caminhos de deambulação sinfonias diversas, das mais simples às mais sofisticadas. Novos ouvem melhor que os velhos, cães ouvem melhor que os jovens, artistas da música tendem a ouvir mais intensamente que os cães [...] Nas grandes cidades, nas megalópoles, velhos, jovens, cães e artistas, todos, indistintamente – a partir de diferentes percepções – ouvem uma grande e dissonante sinfonia.[1]

"Quem é a musa das ruas?" – pergunta-se o paulista Alexandre Mate, pesquisador de teatro de rua. Tal questão, formulada a partir de outros eixos temáticos além do artístico, tem ocupado, das

1. A. Mate, *Tantos Tecimentos Narrativos Tomando a Rua Como Musa Inspiradora...*, Caderno I, p. 141.

primeiras décadas do século XX à atualidade, um lugar considerável entre estudiosos de várias áreas científicas. Contudo, pode-se encontrar, como ponto em comum a conectar diferentes campos do conhecimento, uma concepção de cidade como objeto múltiplo, complexo, polifônico, cujo entendimento só é possível com base em uma abordagem multidisciplinar que inclui: geógrafos, como David Harvey e Milton Santos; sociólogos, como Michel Maffesoli; filósofos, como Henri Lefebvre; teóricos da comunicação e do turismo, como Susana Gastal; semiólogos, como Roland Barthes; urbanistas, como Kevin Lynch; pensadores da pós-modernidade, como Fredric Jameson e Linda Hutcheon; além de estudiosos da história, como Michel de Certeau, e da antropologia, como Marc Augé.

Em que pesem as singularidades de cada área, em suas múltiplas manifestações a cidade vem sendo pensada por esses e muitos outros estudiosos não apenas como espaço e população, mas como uma rede complexa de relações entre indivíduos e grupos que atuam simultaneamente como sujeitos e objetos, onde, por vezes, coexiste um enorme número de *outros* oriundos de outras terras e, por isso, considerados "estranhos" (quando não, explicitamente rejeitados); como espaço social em que diferentes agentes e instituições exercem uma ação concreta, muitas vezes nefasta em seus efeitos; e, enfim, como lugar onde a vida é praticada com todas as facilidades e dificuldades que o ser humano criou para si. Não será feita, aqui, uma explanação detalhada sobre o pensamento de cada um daqueles expoentes; contudo, serão destacados das obras de alguns deles aspectos pontuais que têm contribuído para fortalecer e aprofundar estudos recentes sobre o teatro de rua, cujo lugar privilegiado de criação e de trabalho é, sobretudo, o espaço da cidade.

Kevin Lynch analisou a forma visual de três cidades estadunidenses – Boston, Jersey City e Los Angeles – num projeto-piloto, publicado em 1960, no intuito de investigar a imagem que os próprios cidadãos constroem mentalmente a partir de suas impressões subjetivas da paisagem urbana. Acreditando que essa imagem está impregnada de memórias e significações, o arquiteto norte-americano exorta-nos a considerar a cidade "não algo em si mesmo, mas [como] objeto da percepção dos seus habitantes", atribuindo grande importância ao ser humano que nela vive:

os espaços simbólicos

Os elementos móveis de uma cidade, especialmente as pessoas e as suas atividades, são tão importantes como as suas partes físicas e imóveis. Não somos apenas observadores deste espetáculo, mas sim uma parte ativa dele, participando com os outros num mesmo palco. Na maior parte das vezes, a nossa percepção da cidade não é íntegra, mas sim bastante parcial, fragmentária, envolvida noutras referências [porém] todos os sentidos estão envolvidos e a imagem é o composto resultante de todos eles.[2]

O urbanista identifica cinco tipos de referências arquitetônicas e espaciais da cidade que participam desse processo de construção imagética: vias, limites, bairros, cruzamentos (pontos nodais) e elementos marcantes (marcos)[3]. Essa classificação se destina, sobretudo, à tarefa de decifrar o que ele designa como *legibilidade* da paisagem citadina, isto é, a capacidade da cidade de oferecer símbolos reconhecíveis à compreensão visual daqueles que nela vivem e/ou transitam, os quais possam atuar não só como facilitadores da orientação espacial no ambiente ou para a execução das atividades cotidianas, mas também como referenciais fundamentais para as pessoas que ali vivem, "um organizador de atividade, crença ou conhecimento".

O sociólogo e filósofo marxista Henri Lefebvre também reconhece a existência de uma "escrita" urbana, cuja potência "se inscreve e se prescreve em seus muros, na disposição dos lugares e no seu encadeamento". O teórico francês exige para a cidade o mesmo "direito" que é atribuído ao campo, como crítica aos hábitos sociais que, em sua opinião, transformam a natureza em um "gueto do lazer, o lugar da fruição, o refúgio da criatividade", reivindicando o direito de "viver a cidade como obra de arte". Ele afirma, com a força do pensamento materialista-dialético que defende: "o futuro da arte não é artístico, mas urbano. Porque o futuro 'do homem' não se encontra nem no cosmo, nem no povo, nem na produção, mas sim na sociedade urbana". Dessa forma, Lefebvre sublinha a sua profunda crença de que "o direito à cidade manifesta-se como forma superior dos direitos: direito à liberdade, à individualização na socialização, ao habitá-la e morar. O direito à *obra* (à atividade participante) e o direito à *apropriação* (bem distinto do direito à propriedade) estão implícitos no direito à cidade"[4].

2. K. Lynch, *A Imagem da Cidade*, p. 11-12.

3. As denominações entre parênteses são encontradas em edições mais recentes da obra.

4. H. Lefebvre, *O Direito à Cidade*, p. 105.

Numa importante contribuição aos estudos sobre a cidade, o antropólogo Marc Augé denomina *não lugares* os espaços pelos quais os habitantes das cidades contemporâneas circulam, como os shopping centers, aeroportos, e outros *espaços retóricos* onde a comunicação se dá de maneira prescritiva, ou impositiva, através de avisos e orientações dados por elementos característicos da "supermodernidade": o bilhete de metrô ou de avião, o cartão de crédito ou telefônico, os documentos (passaporte, carteira de motorista e identidade), símbolos que permitem o acesso, comprovam a identidade, autorizam deslocamentos impessoais. Em oposição às relações estritamente contratuais que o citadino estabelece com o *não lugar*, o *lugar* "se completa pela fala, a troca alusiva de algumas senhas, na convivência e na intimidade cúmplice dos locutores". Augé o define como "identitário, relacional e histórico", defendendo a tese de que a supermodernidade produz o *não lugar*, isto é, "um espaço que não pode se definir nem como identitário, nem como relacional, nem como histórico"[5].

Fredric Jameson designa como "pós-moderno" a forma cultural do atual momento do capitalismo, tese que desenvolve principalmente em *Pós-Modernismo: A Lógica Cultural do Capitalismo Tardio*[6], mas que permeia todo o pensamento de sua obra. Nesta, destacam-se, como pontos básicos, a ideia de que o "pós-moderno" está ancorado objetivamente em alterações econômicas, cuja consequência mais notável é o apagamento das formas sociais pré-capitalistas, e a primazia de aspectos como a *visualidade* e o *imaginário*, estendidos a toda cultura e em detrimento do verbal. Essa forma contemporânea de sensibilidade será marcada, segundo Jameson, pela mediação da tecnologia, em especial a da produção de imagens "a cultura da imagem do pós-moderno é pós-perceptual e gira em torno do consumo de imaginários mais do que do consumo material. Então, a análise da cultura da imagem (incluindo seus produtos estéticos) [...] só pode ter sentido se nos levar a repensar a própria 'imagem' de forma não tradicional e não fenomenológica"[7].

A turismóloga brasileira Susana Gastal desenvolve um importante raciocínio sobre a cidade e o urbano:

Se a cidade é a materialização do urbano no espaço, essa materialização não se restringe aos elementos fixos: praças, monumentos,

---

5. M. Augé, *Não Lugares*, p. 73.
6. O livro é o desenvolvimento de um artigo homônimo, publicado na *New Left Review*, em 1984.
7. F. Jameson, *Pós-Modernismo*, p. 161.

os espaços simbólicos   37

igrejas, indústrias, casas, ruas e muitos outros. Em torno e no interior dos *fixos*, há todo um mundo em movimento, onde circulam pessoas, mercadorias, relações sociais, manifestações culturais, para além do simples trânsito de veículos individuais ou coletivos. Eles constituem os *fluxos* que, junto com os *fixos*, formam a cidade.[8]

Adotando uma linha de pesquisa "semióptica e pós-moderna" que busca compreender a cidade como uma *teia de significados*, isto é, como objeto passível de interpretação e semiose, ela apresenta novos modos de constituição da cidade na contemporaneidade, a partir da ideia da cidade como "texto"[9] que pode ser lido na perspectiva da *praça*, do *monumento* e do *palco* – vistos, aqui, como matrizes significantes que se sobrepõem, pelo imaginário, ao seu significado. A partir desse pressuposto, é possível organizar a análise de determinados "textos" que avançam para além da época que os gerou; a autora retira, então, de estudos de especialistas[10], os três significantes acima mencionados, como matrizes para organizar a sua própria "leitura" do texto *cidade*. A *praça* é considerada pela autora a matriz mais forte em função de sua reiterada presença nos estudos sobre a cidade, desde a antiga *polis* grega; em seguida está o *palco*, importante legado do período medieval que faz da aldeia o espaço do "exercício de olhar e ser olhado"; enfim, o *monumento*, desde a Renascença sinônimo de ruínas das culturas grega e romana, que agregará em si os ideais da arte e da história[11].

A investigação do ambiente urbano tem sido objeto de preocupação também para pesquisadores teatrais brasileiros interessados no potencial da cidade como lócus da experiência teatral contemporânea, como Lauro Góes, André Carreira, Ricardo Brügger, Narciso Telles, Ana Carneiro, Lidia Kosovski e Evelyn Lima, cujos estudos apresentam algumas das ideias e formulações teóricas de autores mencionados antes.

Os estudos de André Carreira, diretor e pesquisador teatral, ressaltam a necessidade de compreendermos "o processo de transformação da rua como espaço cênico e as implicações socioculturais próprias deste espaço"[12] uma vez que, da Idade Média aos nossos dias, as ruas

8. S. Gastal, *Alegorias Urbanas*, p. 94.

9. Na perspectiva semióptica adotada pela autora, o "texto" é o território onde interagem outros textos, levando à *intertextualidade* entre este e outros (con)textos (histórico, social, econômico, linguístico, psicológico etc.).

10. A autora cita especificamente David Harvey, Jacques Le Goff, Henri Lefebvre, Giulio Argan e Paul Virilio.

11. Ibidem, p. 75.

12. *Teatro de Rua: Brasil e Argentina nos Anos 1980*, p. 29.

tiveram diferentes usos e "a representação teatral de rua – como parte do repertório de usos – se desenvolveu dialeticamente com as transformações estruturais da cidade e do seu contexto sociocultural"[13]. O autor ressalta, ainda, que "para estudar o teatro de rua é necessário reconhecer o espaço urbano como âmbito teatral e a rua como um espaço fragmentário multifuncional. Para isso o primeiro passo é analisar o espaço urbano como lugar do espetacular"[14].

Os princípios – morfológicos, espaciais, estéticos, políticos, sociais, históricos – que, segundo ele, definem a cidade, apresentam-se, hoje, como um forte embasamento teórico para os estudos atuais do teatro de rua, propiciando a formação de um pensamento investigativo, sistemático, num campo em que a produção acadêmica é ainda incipiente. Por isso, a seguir, alguns dos conceitos formulados por aqueles teóricos serão articulados a experiências cênicas concretas, no intuito de demonstrar que o espetáculo de rua é capaz de construir, no imaginário da cidade, conteúdos de profunda significação.

Embora formuladas há tantas décadas passadas, as noções apresentadas por Kevin Lynch demonstram não terem perdido a sua eficácia e atualidade, pois têm auxiliado novos pesquisadores na elaboração de análises de espetáculos teatrais realizados em espaços abertos[15], o que constitui uma importante inovação dentro do panorama atual da produção acadêmica sobre esse objeto.

Ismael Scheffler, por exemplo, aplica a classificação dos elementos da imagem urbana – vias, limites, bairros, pontos nodais e marcos – criada por Lynch para fazer uma análise de *A Breve Dança de Romeu e Julieta*[16], na qual são enfocados aspectos concernentes à sua "dramaturgia do espaço". Pelo fato de a apresentação ter-se dado numa praça – mais especificamente a Praça Eufrásio Correia, situada no centro de Curitiba – o autor aborda especialmente os *pontos nodais*, "locais estratégicos de uma cidade através dos quais o observador pode entrar e [que] constituem intensivos focos para os quais e dos quais ele se desloca. Podem ser essencialmente junções, locais de interrupção num

13. Ibidem, p. 30.

14. Idem, Reflexões Sobre o Conceito de Teatro de Rua, em N. Telles; A. Carneiro (orgs.), *Teatro de Rua: Olhares e Perspectivas*, p. 27.

15. Cf. A. Carreira et al., Teatralidade e Cidade, *Caderno do Urdimento*, n. 1.

16. Cf. I. Scheffler, Diferentes Camadas de Recepção em *A Breve Dança de Romeu e Julieta*, em A. Carreira (org.), *Teatralidade e Cidade*. O espetáculo, adaptação da peça de William Shakespeare, foi apresentado em 2009, na cidade de Curitiba, pelo TUT – Grupo de Teatro da Universidade Tecnológica Federal do Paraná – e dirigido pelo autor do artigo.

os espaços simbólicos   39

transporte, um entrecruzar ou convergir de vias, momentos de mudança de uma estrutura para outra"[17].

No artigo, Scheffler explica que, por serem conexões, esses locais "favorecem a visibilidade e orientação" daqueles que por eles transitam, exigindo destes uma tomada de decisão quanto à direção que deverão seguir. Além disso, tanto pelas suas características físicas quanto pela dimensão cultural implicada em seu uso, supõe-se que os pontos nodais têm a capacidade de organizar, física e simbolicamente, a cidade. As *vias* que cercam a praça são também consideradas na análise do espaço cênico. A esse respeito, o autor observa que, ao longo da história da cidade, a diminuição do fluxo viário nessa região provocou também uma redução no sentido desse lugar como referência importante para o cidadão curitibano, fato esse que corrobora – agora, sob a óptica do teatro de rua – o que Lynch afirma sobre os sentidos diversos que impregnam tais elementos urbanos.

Já Vicente Concílio, em artigo que integra a mesma coletânea, utiliza desse autor a noção de *ambiente*, para analisar *Hygiene*[18] sob o ponto de vista "dos sentidos que um determinado objeto, ou, no caso, espaço, provocam no seu observador". O pesquisador articula a noção de *ambiente* ao de *marco* que, segundo ele, domina cada etapa do espetáculo, iniciando pela antiga igreja da vila Maria Zélia, "cujo uso vai ganhar novo sentido a partir da cena teatral nele originada". A análise assevera que a igreja em questão oferece aos espectadores o ambiente – físico e simbólico – aos acontecimentos cênicos no início da apresentação; depois, isso também se dá com uma antiga sapataria, situada num edifício quase em ruínas e utilizado cenograficamente como cortiço.

Assim, *Hygiene* "faz uso de um espaço carregado de sentidos, principalmente porque ele exibe as marcas do tempo de forma evidente"[19], demonstrando, por meio de um espetáculo de rua, que os sentidos atribuídos aos elementos da cidade variam não apenas com a sua forma e com os materiais que os constituem, mas também conforme a utilização deles pelas pessoas e a sua história; ou seja, *Hygiene* tem um inesgotável potencial para a ressignificação do espaço urbano que o teatro de rua pode explorar criativamente.

17. K. Lynch, *A Imagem da Cidade*, p. 58.

18. Cf. V. Concílio, *Lugar, imaginário e Construção Cênica*, em A. Carreira (org.), *Teatralidade e Cidade*, p. 61-74. O espetáculo aqui descrito estreou em 2005. Foi resultante do projeto *A Residência*, do Grupo xix de Teatro, de São Paulo, o qual previa a ocupação de um edifício abandonado, situado na vila Maria Zélia, zona leste dessa metrópole.

19. Ibidem, p. 71.

As considerações de Ismael Schefler e Vicente Concílio apresentam uma significativa ampliação dos estudos do teatro de rua, uma vez que este é analisado a partir de uma perspectiva distinta daquelas que, até recentemente, vinham constituindo as temáticas preferenciais de alguns estudiosos[20], como a cultura popular e a ação política, tomadas como eixos centrais desta modalidade de teatro. Os dois trabalhos acima mencionados inauguram um novo caminho para o teatro de rua ao analisarem obras teatrais na perspectiva da arquitetura da cidade, tomada como *ambiente* que se constrói tanto pelas suas estruturas físicas (seus *fixos*) quanto pelos usos que dele fazem os seus habitantes (seus *fluxos*), ou, ainda – lançando-se mão de princípios da Gestalt –, como "campo perceptivo", "gestáltico", do objeto a ser percebido e analisado.

Susana Gastal levanta questões cruciais sobre a *cidade*, conceito que nas palavras da autora "se dá aos nossos sentidos como imagem", e é articulado ao *urbano* enquanto "imaginário construído e alimentado sobre ela"[21]. Como as discussões levantadas por Gastal se apoiam na moldura teórica elaborada por Fredric Jameson acerca do pós-moderno, é necessário comentar, antes, alguns dos aspectos essenciais por ele abordados, uma vez que, para a autora, a pós-modernidade é o contexto mais amplo em que se inscreve o *texto* cidade.

Dentre os fatos históricos que, segundo o estudioso norte-americano, caracterizam o pós-moderno – as convulsões sociais dos anos de 1960, a queda do Muro de Berlim, a presença generalizada da tecnologia na vida cotidiana –, ele ressalta o advento do que denomina *capitalismo tardio* ou, ainda, *capitalismo high-tech*[22], cuja característica determinante é a simbiose entre capital, tecnologia e cultura[23]. Nessa forma de capitalismo, a questão econômica avança sobre as sociais e culturais, dissolvendo-as no "mercado". Ou seja, "A produção de mercadorias é agora um fenômeno cultural, no qual se compram os produtos tanto por sua imagem quanto por seu uso imediato [onde] a propaganda tornou-se uma mediação fundamental entre a cultura e a economia, e se inclui certamente entre as inúmeras formas da produção estética."[24]

Lidia Kosovski nos chama a atenção para esse efeito do pós-moderno sobre o teatro. Em seu artigo "Espaço Urbano e Performance

---

20. Cf. A.M.P. Carneiro, *Espaço Cênico e Comicidade*; L.G. de Carvalho, O Riso na Praça Pública, em N. Telles; A. Carneiro (orgs.), *Teatro de Rua: Olhares e Perspectivas*, p. 186-203; N.da S. Turle, *Teatro de Rua É Arte Pública*.

21. Op. cit., p. 26.

22. F. Jameson, *Pós-Modernismo*. De acordo com Jameson, o *capitalismo high-tech* é o da chamada globalização dos mercados, o qual é marcado pela impessoalidade das grandes corporações internacionais.

23. Cf. S. Gastal, op. cit., p. 17.

24. Ibidem, p. 33.

os espaços simbólicos

Teatral", na revista O Percevejo, a cenógrafa reflete acerca dos novos paradigmas que, ao dissolverem as tipologias arquitetônicas do teatro ocidental[25], delinearam o espaço cênico contemporâneo, possibilitando a emergência de práticas teatrais cujo "olhar topológico" – além de político e estratégico – irá, a partir dos anos de 1970, redefinir o terreno da cena da atualidade ao levá-lo a ocupar distintos lugares[26] da cidade.

Entre essas novas práticas teatrais, a autora destaca as da "cidade assaltada" e da "cidade negociada". A primeira é associada às formas artísticas em que "o princípio fundador é o do questionamento e subversão da ordem vigente"[27], em situações cujos exemplos mais representativos estariam, segundo a autora, nas expressões das vanguardas artísticas europeias, no agit-prop russo, nos happenings e na performance art, e em experiências teatrais pioneiras realizadas no Brasil por Augusto Boal[28], César Vieira[29] e Amir Haddad[30]. Já a segunda prática teatral, caracterizada por "ações que traduzem uma política de animação da cidade", estariam situadas sob a égide de uma atitude mais concessiva e complacente em relação à ordem mercadológica/capitalística vigente, no que diz respeito à ideia de cultura como mercadoria.

Com base nessas colocações, a autora interroga a atual tendência de "oficialização e programação de lugares não convencionais para a cena, organizados como uma imensa rede de teatros, arquitetonicamente informal, volátil, nos grandes centros urbanos"[31], alertando-nos para a iminente emergência de um paradigma teatral construído sobre o prisma exclusivo do mercado – o da "cidadania do consumo" – a ser, segundo ela, firmemente questionado.

A partir da década de 1980, torna-se cada vez mais corriqueiro o uso de galpões, foyers de centros culturais, jardins de museus, parques, ruas, praças como lugares possíveis para as performances teatrais – quando se percebe a presença de políticas públicas em relação ao espaço urbano, políticas que expressam a importância de reivindicação do direito à cidade,

---

25. Utilizando um critério cronológico, a autora cita as arquiteturas grega, romana, elisabetana, barroca, clássica e italiana.

26. A autora utiliza a diferenciação entre as noções de lugar e espaço proposta por M. Certeau, em A Invenção do Cotidiano, para quem o primeiro se refere a uma ordem estabelecida, e o segundo, à mobilização dessa ordem por meio de uma prática. Dito de outro modo, enquanto o lugar estabelece, o espaço pratica.

27. Cf. I. Kosovski, Espaço Urbano e Performance Teatral, O Percevejo, n. 12, p. 223.

28. Com as experiências do Teatro Invisível, modalidade cênica criada pelo dramaturgo no período da ditadura militar.

29. Fundador e diretor do Teatro Popular União e Olho Vivo, de São Paulo.

30. Fundador e diretor do Grupo Tá na Rua, do Rio de Janeiro.

31. M. Certeau, A Invenção do Cotidiano, p. 223.

numa perspectiva de ampliação da cidadania no uso do patrimônio público e ambiental.[32]

O "direito à cidade", tão brilhantemente defendido em obra já citada de Henri Lefebvre como um direito "à vida urbana, condição de um humanismo e de uma democracia renovados" – e presente, também, no sonho dos grandes encenadores do século xx que trataram de "explodir" o espaço das salas teatrais convencionais –, ao ser interpretado à luz do capitalismo *high-tech* de nossos dias, torna-se uma justificativa plausível para a transformação do espaço público da cidade em simples mercadoria.

Sob o discurso "politicamente correto" das medidas de urbanização, saneamento e revitalização de áreas degradadas da cidade, ocultam-se amiúde ações de "higienização" e exclusão aplicadas sistematicamente às populações menos favorecidas da sociedade. A cidade – *lugar*, em princípio, de todos – tende a ser transformada por meio de estratégias supostamente avançadas, num espaço cujos benefícios mais significativos acabam tornando-se inacessíveis à maioria da população, e onde a vida de seus habitantes é regulada não tanto (ou somente) através de mecanismos disciplinadores como os analisados por Michel Foucault, em *Vigiar e Punir*, mas principalmente de mecanismos sutis de produção de uma subjetividade eminentemente *capitalística*, em que o próprio modo de viver, o desejo e os sonhos do cidadão são submetidos às leis do mercado[33].

Trazendo tais questionamentos para o universo do teatro de rua, poderíamos perguntar: Que "teatros" estão sendo contemplados por políticas públicas de apoio ao teatro a ser oferecido gratuitamente à população com base naquele "direito à cidade" e no discurso da cidadania? Que critérios estão sendo utilizados para definir quais e como os espaços da cidade *podem ou não* ser utilizados pelos artistas de rua? E, principalmente, quem tem esse poder decisório, diante da suposta "acessibilidade irrestrita"[34] que a rua, enquanto espaço público, deveria oferecer ao cidadão?

"Como escapar?", pergunta Kosovski.

Em busca de possíveis respostas, torna-se necessário interrogarmos o espaço – seja para conquistá-lo, ocupá-lo e usufruir dele, seja para compreendê-lo, amá-lo,

---

32. Ibidem, p. 221.
33. Cf. F. Guattari; S. Rolnik, op. cit.
34. Cf. N. da S. Turle, op. cit.

os espaços simbólicos

acrescentar-lhe algo –, sobretudo quando se trata do espaço da cidade, onde vive e trabalha a maior parte dos fazedores teatrais de rua. É urgente colocar em questão os discursos hegemônicos que valorizam certos ideais contemporâneos, como o "tecnológico", o "cosmopolita" e mesmo o "público", pois "viver o espaço é uma construção de sentido que condiciona a sensibilidade e também é condicionada por ela"[35]. Isso significa que o sentido físico é dado pela experiência sensível, mas este é também dependente de uma rede de fatores sociais e subjetivos que definem essa experiência. A cidade não constrói sua significação a partir da mera distribuição de objetos materiais – casas, prédios, ruas etc. –, mas das estruturas significantes de relacionamentos que aí se dão. Daí ser ela o resultado da rede de tessituras entre o que é fixo no espaço e o que *flui* – "deslocamentos das pessoas, de bens materiais e simbólicos, comportamentos e culturas"[36].

Gastal elabora um pensamento semióptico[37] a respeito da cidade, na defesa da tese de que é possível organizar a leitura de determinados "textos" a partir de significantes que sobressaíram sobre outros. Destaca-se, no contexto estudado pela autora, a recorrência dos significantes *praça, igreja, palco, universidade, monumento* e *indústria*. Dentre estes, destacam-se aqueles eleitos como três matrizes de análise – a *praça*, o *monumento* e o *palco* – a serem utilizados numa abordagem da cidade sob as categorias de espaço, tempo e visualidade, respectivamente. A *praça* é a matriz significante que a autora escolhe para analisar a construção de sentido na cidade, com base na importância que a praça (enquanto elemento urbano físico) assume na constituição histórica e social do ocidente, ao legar à contemporaneidade um imaginário onde ela é tanto o espaço inerente ao exercício da cidadania (a pólis grega) quanto local de trocas de mercadorias, de encontro e de festa (a cidade medieval).

Por alimentar nos séculos subsequentes um imaginário urbano materializado tanto nos núcleos urbanos do interior quanto nas grandes metrópoles, para a autora, a *praça* é um "texto" que permanecerá ativo

> no imaginário pós-moderno, ao [se] procurar reconstituir espaços de festa e de encontro, das trocas de bens materiais e de bens simbólicos com liberalidade de acesso e informalidade

35. S. Gastal, op. cit., p. 81.

36. Ibidem, p. 73.

37. Ibidem, p. 44. A autora explica a sua adesão a uma vertente semióptica "pós-saussuriana", inaugurada por Roland Barthes, cuja lógica metonímica se realiza não pela busca "compreensiva" do objeto investigado, mas por associações e contiguidades; um texto é estudado em sua relação com outros textos.

de uso [...] Na alma dos shoppings centers metropolitanos, nos halls de entrada de hotéis e edifícios corporativos, nos bares da cidade ou na roda do cafezinho em escolas e escritórios, lá estará a praça[38].

Com base nas reflexões dessa pesquisadora, é possível pensar o teatro de rua como uma modalidade teatral cujas práticas reconstituem a *praça* no imaginário da cidade. Ou, ainda, é possível considerar a ideia de que esta matriz arcaica é acionada no imaginário do cidadão cada vez que um espetáculo de rua lhe é apresentado, independentemente da forma por ele utilizada para ocupar fisicamente o espaço urbano. Seja em roda, performance processional ou invasão[39], por meio de poéticas tradicionais ou de ruptura[40]; compreendido sob a perspectiva do épico[41], da cultura popular[42], do contemporâneo[43] ou da arte pública[44], o teatro de rua irá propor ao habitante comum da cidade converter-se em público de arte ao mergulhar numa dimensão imaginária capaz de fazê-lo transcender os limites usuais do cotidiano e descobrir, nessa experiência, novos modos de reapropriação da cidade. Mas, como pode fazer isso o teatro de rua?

Partindo da premissa de que o urbano abrange elementos fixos — praças, monumentos, igrejas, indústrias, casas, ruas etc. — ao redor dos quais circulam fluxos de pessoas, mercadorias, relações sociais, manifestações culturais, trânsito de veículos etc., Gastal desenvolve a tese de que, se os fluxos formaram a cidade antes dos fixos (segundo a autora, a sua origem está nos caminhos percorridos pelos nômades que ali acabaram se estabelecendo), hoje eles "correspondem aos deslocamentos do sujeito na própria cidade"[45], de casa para o trabalho e vice-versa. No momento contemporâneo, esses deslocamentos ganham em velocidade (os meios de transporte tornaram-se mais rápidos), mas também em diversidade — muitas mercadorias dão-se, agora, sob a forma de fluxo, uma vez que as transações comerciais são cada vez mais realizadas por meio virtual, por exemplo. Outros tipos de deslocamentos — de ideias, saberes, crenças, culturas ou bens culturais — são igualmente

---

38. Ibidem, p. 93.

39. Cf. N. Telles, *Pedagogia do Teatro e o Teatro de Rua*.

40. Cf. J. Oliveira, *Memória do Teatro de Rua em Porto Alegre*.

41. Palestra de João Carlos Andreazza, *O Teatro Épico na Rua*, realizada, em 25 de abril de 2008, pelo Centro de Pesquisa para o Teatro de Rua Rubens Brito, do Núcleo Pavanelli de Teatro de Rua e Circo (SP).

42. Cf. C. Vieira, *Em Busca de um Teatro Popular*.

43. Cf. R.J.B. Cardoso, *A Cidade Como Palco*; A. Carreira, *Ambiente, Fluxo e Dramaturgias da Cidade*, em *O Percevejo*, v. 1.

44. Cf. N. da S. Turle, op. cit.

45. S. Gastal, op. cit., p. 94.

os espaços simbólicos 45

submetidos a um aumento de velocidade. Para a autora, o efeito mais notável disso sobre a cidade, constituída originalmente como *lugar* de *fixos* e de *fluxos*, será o da sua desmaterialização.

A pesquisadora explica do seguinte modo o processo pelo qual o excesso de velocidade dos fluxos leva à desmaterialização da cidade: todos os produtos que circulam na cidade são enraizados em fixos culturais específicos (a comida baiana, a moda europeia etc.); a velocidade dos fluxos pelos quais transitam permite, contudo, que esses produtos sejam consumidos longe de seus fixos e "circulem livremente como fluxo, tornando invisível a cultura original". Esta, desvinculada dos fixos, passa a viver no imaginário das pessoas que o consomem. O paradoxo da pós-modernidade, para Gastal, é que ela aproxima o distante, mas só no imaginário. Os conteúdos que constroem o sentido de um objeto longínquo não vêm junto com ele, pois os fixos (os *lugares*) aos quais ele está originalmente vinculado lhe são retirados no processo de mercado "globalizado".

Na vida cotidiana, isso quer dizer que um objeto tradicional, que carrega em seu conteúdo a identidade de um lugar, pode ser consumido em qualquer outro lugar, distante daquelas marcas de origem. É o caso de uma cerveja alemã degustada em Fortaleza, ou de um delicioso e *genuíno* acarajé baiano servido numa feira livre em Ipanema. Mas a lógica da desterritorialização, marca do capitalismo globalizado, não transfere apenas mercadorias. A hegemonia do *fluxo* na pós-modernidade atinge também a quem vive na cidade, levando a crescente circulação de pessoas a constituir, segundo Gastal, "um fluxo com características próprias, um verdadeiro nomadismo pós--moderno, a exigir instalações específicas"[46] – os *não lugares* de Marc Augé, por ele descritos como aqueles que "são tanto as instalações necessárias à circulação acelerada das pessoas e bens (vias expressas, trevos rodoviários, aeroportos) quanto os próprios meios de transporte ou os grandes centros comerciais, ou ainda os campos de trânsito prolongado onde estão alojados os refugiados do planeta"[47].

Na lógica dos *não lugares*, imposta também à praça – em sua origem, um elemento fixo da cidade –, os lugares da festa e da sociabilidade, assim como do encontro, tornam-se cada vez mais *fluxos*: a praça "abandona os espaços públicos de livre acesso,

46. Ibidem, p. 96.
47. M. Augé, op. cit., p. 36.

para transitar por espaços privados ou privatizados: shoppings centers, casas noturnas, parques de lazer diversos, postos de gasolina. A praça abandona os lugares, para frequentar, não raro, não lugares"[48].

A hegemonia dos *fluxos* parece fragilizar a praça enquanto *fixo*. Mas, de acordo com Kevin Lynch, em *A Imagem da Cidade*, são os *fixos* — a praça, entre eles — que marcam concretamente as cidades como *lugares*, orientando o traçado do deslocamento dos fluxos que as atravessam. Desenvolvendo um pensamento sobre o teatro de rua que vai ao encontro das reflexões acima, André Carreira afirma que

> o teatro de rua quase sempre transita em zona conflitiva com as instituições burguesas [pois] essa modalidade teatral basicamente rompe com os códigos e hierarquias do uso cotidiano da rua [e], como manifestação não hegemônica, propõe, nestas zonas de conflito, a busca de situações em que a rua reconquiste ou reforce sua característica de lugar (Augé), isto é, seja um âmbito de convivência social que supere a superficialidade do universo do consumo, rompendo, ainda que momentaneamente, com a lógica pragmática do sistema de mercado[49].

Enquanto "manifestação do encontro e da festa", o teatro de rua reforça no imaginário do cidadão a praça como *lugar* do espetáculo (ainda que este seja apresentado num daqueles "não lugares"), pois traz a memória ancestral da praça pública tanto como *polis* (o fórum público) quanto como local de troca (de mercadorias) e encontro (de experiências). Caminhando na contramão de um discurso politicamente correto sobre a cidade limpa, higienizada e ordenada, o teatro de rua recoloca o imaginário da *praça* no coração da cidade ao relembrar que a maior importância desta reside em sua função social e no seu usufruto pelo cidadão, e não numa suposta "boa" imagem urbana de organização e assepsia.

A partir das considerações de Gastal, é possível supor que o teatro de rua, ainda que potente em qualquer uma das suas formas de ocupação do espaço, manifesta sua potência máxima quando, além de ocupar os *fixos*, também se funde aos *fluxos* da cidade — penetrando em seus movimentos, ritmos, sonoridades —, pois nesse ato de fusão ele possibilita que, pela obra

48. S. Gastal, op. cit., p. 97.
49. A. Carreira, *Teatro de Rua: Brasil e Argentina nos Anos 1980*, p. 37-38.

os espaços simbólicos   47

teatral, se dê o resgate do sentido original do espaço público urbano como o *lugar* do encontro, das trocas e da festa.

Ainda que submetido à velocidade dos *fluxos* e à desmaterialização dos *fixos* na cidade, o ser humano possui um substrato subjetivo e ancestral enraizado no tempo e nos ciclos mais lentos e estáveis da terra e da natureza. É a necessidade de reencontrar esses conteúdos mais antigos que impele ainda o homem a experiências do *lugar*, embora ele tenha construído o espaço desmaterializado da pós-modernidade. Por isso, prevê a autora,

> A praça se manterá tanto como um *fixo*, em novos espaços públicos como as ruas − ocupadas por caminhantes de fim de semana, adolescentes em skates ou crianças em bicicletas −, quanto, ainda, como praças criadas nos shoppings centers com a finalidade de incentivar o encontro. Mas, cada vez mais, a praça será um *fluxo* que se dá onde quer que haja o desejo do estar-juntos para confraternização, trocas de mercadorias ou trocas simbólicas. A praça ainda será central nos projetos de revitalização das cidades, quando surgem as demandas por ressignificação de *fixos*, cada vez mais abandonados pelos *fluxos* econômicos, na sua peregrinação em busca de vantagens comerciais [...] A praça sobrevive como demanda das comunidades, porque está solidamente consolidada no imaginário urbano e, como tal, continua a alimentar a cidade.[50]

Assim, podemos concluir, com Gastal, que, "quando as construções de sentido nos encaminham para a desmaterialização de tempo e espaço"[51], a *praça* nos mostra que as questões do espaço na cidade podem ser resolvidas pela criatividade das pessoas, ainda mobilizadas pelo imperativo ontológico do *estar-juntos*. Nesse sentido, uma possível tática para a resolução dos problemas urbanos trazidos pela pós-modernidade pode estar na capacidade de criar *praças* na cidade − tarefa esta que o teatro de rua já vem cumprindo há muito tempo, desde a sua convivência com os fluxos da cidade medieval −, porque esta matriz fala, mais do que nunca, à necessidade do homem de viver em coletividade, quiçá em comunhão, e a *praça* − assim como a praça − é, por excelência, o lugar do teatro de rua.

50 S. Gastal, op. cit. p. 105.
51. Ibidem, p. 219.

4 Do Fazer Teatral à Pesquisa

Os Coletivos Teatrais de Rua e Seus Modos de Lidar Com o (Próprio) Conhecimento

A busca por uma fundamentação teórica consistente tem levado, nas últimas duas décadas, artistas e grupos de rua a iniciarem processos mais sistemáticos de registro e análise de suas experiências estéticas. Se, até o final dos anos de 1990, a maioria desses teatristas não incluía regularmente essa atividade entre as suas atribuições, a partir dos anos 2000, a situação mudou radicalmente com a literal invasão dos meios tecnológicos de comunicação de massa na vida do sujeito. A facilidade de registrar uma grande quantidade de informações por meio digital, aliada à percepção do poder das mídias, principalmente o da internet, sobre a arte e a cultura na sociedade contemporânea contribuíram para alterar decisivamente a situação anterior. Munidos de filmadoras, notebooks ou telefones celulares, os artistas e grupos de rua passaram a trocar experiências e conhecimentos com seus pares de um modo muito mais ágil do que haviam experimentado até então.

Alguns coletivos de maior duração haviam acumulado grande quantidade de material ao longo de suas trajetórias; contudo, diversos fatores dificultavam ou mesmo impediam a tarefa de organizá-lo: ou porque o trabalho era interrompido em função de uma necessidade urgente do próprio grupo, ou pela falta de uma sede estável onde os atores pudessem guardar os diversos tipos de materiais resultantes de suas experiências artísticas, causando a sua dispersão e até perda; ou ainda mais frequentemente, pelo pouco tempo disponível dos atores para realizarem a contento a manutenção do acervo. Não obstante, tudo isso foi minimizado pela significativa contribuição da era digital, principalmente na maior facilidade de organização dos materiais sonoros, iconográficos e textuais acumulados pelos grupos em seus percursos. A rápida construção de acervos de sua própria produção artística também possibilitou aos teatristas utilizarem esses registros, em princípio informais – filmagens, gravações de entrevistas, depoimentos, relatos de experiências, fotografias de apresentações etc. –, como referências documentais primárias que acabaram por estimular uma prática mais regular de observação, análise e autocrítica de seus próprios processos de criação estética.

O exercício constante do registro audiovisual, das anotações de campo, dos "diários de bordo" e dos relatos de experiência se tornou, por assim dizer, uma decorrência natural do processo acima descrito no período mais recente da história do teatro de rua no Brasil, o que, praticamente, converteu muitos de seus fazedores em pesquisadores. Os textos assim produzidos, veiculados informalmente pela internet nos grupos virtuais, escritos em linguagem coloquial e, geralmente, elaborados sem rigor acadêmico, muitas vezes constituíram a fonte de informações mais importante para as pesquisas que alimentaram e continuam alimentando essa prática, suprindo, pelos caminhos da informalidade, grande parte da carência de estudos acadêmicos sobre o teatro de rua.

Cabe lembrar, aqui, o importante papel desempenhado pelo teatro de rua paulistano no processo inicial de construção desse corpo teórico de conhecimentos. Quando, em 2002, foi sancionada a lei n.13.279, que criou o Programa Municipal de Fomento ao Teatro para a Cidade de São Paulo[1], alguns grupos teatrais de rua sediados na metrópole já haviam acumulado experiência e conhecimento suficiente para iniciar uma participação efetiva nos editais previstos por essa legislação.

Uma das principais estratégias que esses grupos adotaram, como meio de suprir as suas deficiências no campo dos estudos formais e, simultaneamente, como uma forma

1. Cf. I. Costa; D. Carvalho, *A Luta dos Grupos Teatrais de São Paulo Por Políticas Públicas Para a Cultura.*

os espaços simbólicos 51

de romper as barreiras existentes entre o seu universo e o acadêmico, foi a inclusão de atividades pedagógicas – oficinas, cursos, seminários, palestras, mesas-redondas etc. – em seus projetos, além das especificamente artísticas, como montagens e circulação de espetáculos. Essa iniciativa acabou por gerar um forte intercâmbio, pois, ao trazer para dentro de seu mundo professores e pesquisadores atuantes no meio acadêmico, os grupos contemplados tiveram a possibilidade de acesso a um conhecimento técnico e teórico que, até então, parecia ser inacessível. Ao mesmo tempo, nesses encontros, os grupos organizadores esforçaram-se para colocar aqueles estudiosos por eles convidados, ao lado dos mestres dos grupos de rua mais antigos, valorizando igualmente tanto o saber informal quanto o dos professores oficialmente titulados.

O êxito da experiência de São Paulo estimulou grupos de outras regiões do país a adotarem a mesma estratégia, de modo que estes também passaram a inserir em eventos regionais, como mostras e festivais, atividades específicas de pesquisa: colóquios, seminários, mesas-redondas e palestras com especialistas. Desse modo, teve início um profícuo diálogo entre duas esferas do conhecimento – o formal, da academia, e o não formal, dos grupos de rua – fato que contribuiu para transformar o panorama do teatro de rua nos anos subsequentes no país.

Desde os anos 2000, fervilhava entre os fazedores teatrais de rua um novo sopro de criatividade e autoconfiança a respeito de seus saberes acumulados, até então muito pouco sistematizados. A necessidade de criação de um espaço de compartilhamento de práticas estéticas e discussão política tornara-se uma demanda reprimida para os grupos teatrais brasileiros (fossem de rua ou não), cujo crescimento exponencial levou à criação do Redemoinho – Movimento Brasileiro de Espaços de Criação, Compartilhamento e Pesquisa –, durante um encontro realizado em Belo Horizonte. A iniciativa foi do Galpão Cine Horto. Na ocasião, grupos de vários estados do país fundaram uma rede nacional de discussão sobre políticas públicas em âmbito federal, voltada para o teatro de grupo.

Em seu início, em 2004, o Redemoinho apresentava uma proposta que satisfazia, mesmo que parcialmente, às demandas dos "rueiros". Participavam dele, porém, apenas os coletivos de rua que gozavam de maior expressividade e visibilidade no país, pois a entrada dava-se somente por meio de convite. A ideia de criação de uma rede virtual de comunicação ganhou cada vez mais força entre os fazedores de rua, de modo que, em 2007, foi criada a Rede Brasileira de Teatro de Rua – RBTR, durante um evento em Salvador, em comemoração ao Dia do Circo e do Teatro. Liderada, sobretudo, por artistas de rua, que também participavam do Redemoinho, a proposta foi baseada em princípios semelhantes aos daquele movimento; suas ações, porém, se dirigiram para os interesses específicos do teatro de rua.

O depoimento do articulador Adailtom Alves, de São Paulo, aqui transcrito na íntegra, foi considerado, mais tarde, o documento que registrou a criação da rede de teatristas de rua, um embrião do que se tornaria no ano seguinte a RBTR:

A Roda Girou em Salvador

Nos dias 26 e 27 de março de 2007, em comemoração ao Dia do Circo e do Teatro, Salvador foi palco de um encontro importante, recebendo representantes de movimentos de teatro de rua de alguns estados brasileiros, além de representantes de grupos de onde não há movimento organizado. O evento A Roda: O Teatro de Rua em Questão reuniu dois fóruns, um regional, do estado da Bahia, e um nacional.

A abertura foi no dia 26, às 19h00, na Câmara Legislativa de Salvador. Logo na entrada, antes da solenidade, porém, ocorreu um incidente: membros do Grupo Filhos da Rua, de Salvador, estavam de bermuda e chinelo, e a segurança da casa não queria permitir a entrada. No entanto, seus integrantes são índios e, conforme eles lembraram, existe uma lei federal que permite que o índio ande nu, se assim o quiser. Houve protesto destes, pois eram também organizadores do evento, e todo o Movimento de Teatro de Rua da Bahia (MTR/BA) apoiou, afirmando que se os índios não entrassem na casa, eles também não entrariam. O chefe da segurança consultou os códigos e todos entraram. Uma cabal prova de que a casa do povo não os recebe bem.

A abertura foi feita por Marcos Cristiano, também integrante do MTR/BA. Foi apresentada uma performance e lançado o livro *Manual Básico Para o Teatro de Rua*.

A abertura solene foi feita no plenário Cosme Farias, pelo vereador Everaldo Augusto, anfitrião da casa e único vereador presente. Na sequência, a mesa foi composta por representantes do Movimento de Teatro de Rua da Bahia (Kuca

os espaços simbólicos   53

Matos), Movimento de Teatro de Rua de São Paulo (Adailtom Alves), Movimento de Teatro Popular de Pernambuco (Anderson Guedes), Federação de Teatro do Espírito Santo (Telma Amaral), Movimento de Teatro de Rua do Rio de Janeiro (André Garcia), representante do teatro mineiro (Marcelo Bones, do Grupo Teatro Andante) e a representante da Fundação Gregório de Matos. Todos foram unânimes em ressaltar a importância do encontro desses coletivos.

Estavam presentes na plenária artistas de Salvador e de outras cidades baianas, além dos representantes da Cooperativa Paulista de Teatro e Núcleo Pavanelli, de São Paulo.

No dia seguinte, 27 de março, ocorreu um encontro entre os coletivos para debater políticas públicas, dificuldades de organização e outros assuntos. Iniciamos com uma rodada de apresentações, nome, grupo e cidade, e nos dividimos em dois grupos: fórum regional e representantes do movimento nacional.

Estavam presentes no fórum dos representantes dos movimentos estaduais: Marcos Cristiano (MTR/BA), Anderson Guedes (MTP/PE), Adailtom Alves (MTR/SP), André Garcia (MTR/RJ), Telma Amaral (Federação de Teatro do Espírito Santo), Renata Lemes e Clayton Mariano (Cooperativa Paulista de Teatro), Graça Cremon (Núcleo Pavanelli – SP), Mauro Xavier (Grupo Kabana – MG) e Marcelo Bones (Grupo Teatro Andante – MG). Todos os presentes traçaram um histórico político de seus estados. Não foi possível aprofundar os assuntos, pois o tempo foi curto.

Esse primeiro encontro fez com que pudéssemos conhecer melhor outros movimentos espalhados pelo Brasil e suas formas de organização. Ficou claro que não há políticas públicas específicas para o teatro de rua em nenhum dos estados ali presentes.

O encontro será registrado e se propôs um novo encontro para julho, com maior tempo de duração, de maneira que possamos aprofundar as discussões. Falou-se ainda da ausência de outros movimentos existentes no Brasil, como o Escambo, do Rio Grande do Norte e Ceará. No próximo encontro, pretende-se reunir todos os movimentos.

No mesmo dia, às 15h00, ocorreu um cortejo teatral pelas ruas de Salvador em comemoração do Dia do Teatro e do Circo.

Por Adailtom Alves, representante do Movimento de Teatro de Rua de São Paulo (MTR/SP).

54

Outro momento de encontro[2] ocorreu, ainda, antes que a RBTR se consolidasse como um "espaço físico, virtual e horizontal" norteado por princípios, objetivos e uma forma própria de organização interna, que delineasse com clareza o posicionamento ético-político de seus articuladores. Assim, apenas a partir de seu terceiro encontro, novamente na Bahia, os participantes da Rede passaram a documentar aqueles pressupostos, a fim de expor de modo público e sistemático as reivindicações e ações a serem desenvolvidas nacional e/ou regionalmente, depois de deliberadas nas assembleias presenciais.

Carta de Salvador

Os articuladores dos estados da Bahia, Pernambuco, Maranhão, Ceará, Rio Grande do Norte, Rondônia, Minas Gerais, São Paulo e Rio de Janeiro, reunidos nos dias 24 e 25 de março de 2008, em Salvador, instituíram a Rede Brasileira de Teatro de Rua.

A Rede é um espaço físico e virtual de organização horizontal, sem hierarquia, democrático e inclusivo. Todos os artistas e grupos pertencentes a ela podem e devem ser seus articuladores para, assim, ampliar e capilarizar, cada vez mais, suas ações e pensamentos.

O intercâmbio da RBTR ocorrerá através de fórum virtual, entretanto, toda e qualquer deliberação será feita apenas em reuniões presenciais, sendo que seus membros farão, ao menos, dois encontros por ano. Os coletivos devem organizar-se para enviar articuladores para os encontros presenciais.

O papel de cada integrante é o de ampliar a Rede por meio da criação de movimentos regionais de teatro de rua e artes afins, bem como da manutenção dos já existentes, através de reunião constante.

A missão da Rede Brasileira de Teatro de Rua é lutar por políticas públicas de cultura com investimento direto do Estado em todas as instâncias: municípios, estados e União; divulgar o teatro popular de rua e seus fazedores e agregar o maior número de articuladores por todo país.

Os articuladores dos estados supracitados deliberaram, no dia 25 de março de 2008, que:

♦ Somos contra a retirada do Grupo de Teatro Popular Filhos da Rua, que ocupa uma sala no espaço do Passeio Público, de Salvador, para desenvolver seu trabalho de pesquisa, ensaios e

2. Denominado Encontro Nacional de Teatro de Rua, o segundo evento ocorreu nos dias 20 e 21 de outubro de 2007, no Espaço Cultural João Teimoso, como parte das atividades do v Festival de Teatro de Rua do Recife (pe).

os espaços simbólicos   55

formação de novos atores-cidadãos; exigimos do poder público,além da permanência do grupo, a manutenção daquele espaço, para que seja desenvolvido e melhorado o trabalho cultural e de cidadania que, neste momento, está parado.

◆ Somos radicalmente contra a proposta de criação da lei do teatro da APTR (Associação dos Produtores de Teatro do Rio de Janeiro), apresentada na Comissão de Educação e Cultura do Senado.

◆ Exigimos representação do teatro de rua no Conselho Nacional de Política Cultural (cnpc).

◆ Exigimos a aprovação e regulamentação imediata da PEC 150/2003 que vincula para a cultura o mínimo de 2% no orçamento da União, 1,5% no orçamento dos estados e Distrito Federal, 1% no orçamento dos municípios.

Salvador, 25 de março de 2008.

Após cinco anos de intensa atividade (2004-2009), o Redemoinho foi abruptamente extinto[3] em função de discordâncias internas, deixando uma lacuna em meio aos grupos teatrais que dele participavam. Naquele momento, porém, a RBTR já contava com dois anos de atividades ininterruptas e congregava centenas de artistas, companhias e grupos de rua de todos os estados brasileiros. Alguns indícios do rápido crescimento dessa rede apontam para as diretrizes definidas pelos seus integrantes, muito distintas daquelas assumidas anteriormente pelo Redemoinho.

A primeira e principal diferença pode ser verificada na forma de organização interna: a RBTR não adotou a hierarquia decorrente de uma estrutura funcional convencional (com atribuições de presidente, vice-presidente, secretário, tesoureiro etc.), em favor de uma relação horizontal e igualitária entre os seus membros, denominados simplesmente "articuladores". Isso permitiu a criação de uma forma de participação aberta, sem funções ou obrigações previamente definidas, levando à supressão da figura do "representante" (de cada estado, região etc.), de modo que a participação em reuniões oficiais junto a órgãos públicos pudesse

3. Em 2011, houve uma tentativa de reestruturação da proposta, sendo o Redemoinho rebatizado de Movimento Brasileiro de Teatro de Grupo. Na carta de Brasília, foi reafirmada a sua atuação na luta pela aprovação do Prêmio de Fomento ao Teatro Brasileiro, vinculado ao projeto de lei ProCultura – que prevê um novo modelo de financiamento público para a produção teatral no país.

ocorrer conforme as possibilidades reais, financeiras e de tempo, de cada articulador. A inexistência de funções hierárquicas levou à adoção de uma dinâmica de rodízio entre os próprios articuladores no cumprimento dessas ações. Apesar das inevitáveis dificuldades, com o tempo esse exercício de autogestão mostrou ser uma forma saudável para romper com as armadilhas do "clientelismo" que costumam rondar os grupamentos de finalidades políticas.

O segundo ponto fundamental foi a inexistência de qualquer tipo de verba ("fundo", "caixinha", "dízimo", "contribuição" etc.) a ser administrada por um tesoureiro. Os articuladores presentes nas reuniões presenciais, realizadas a cada semestre, é que definiriam, a partir das propostas ali apresentadas, os locais de realização do encontro seguinte, e grupos do município e região escolhidos se encarregariam de administrar os custos e a produção desse evento específico (passagens, hospedagem, alimentação etc.). O que, quem e como fazer (com os recursos disponíveis e/ou a serem obtidos) seria decidido presencialmente pela assembleia de articuladores.

Nos seus primeiros quatro anos de existência, a RBTR contou com o apoio financeiro da Funarte para a realização de seus encontros nacionais. A partir de 2011, contudo, isso não foi mais possível em função de problemas administrativos com as prefeituras dos municípios-sede quanto ao repasse de verbas[4]. Depois de um breve momento de reflexão, os articuladores decidiram realizar os encontros com recursos próprios. Ações solidárias, como disponibilizar hospedagem, buscar apoio em empresas, órgãos e instituições de ensino locais, dentre outras iniciativas, passaram a ser o modo para produção prioritário desde então. Essa dinâmica organizacional, pautada pelos princípios de autonomia e autogestão, foi o que permitiu à RBTR dar continuidade ao projeto de luta por políticas públicas de apoio ao teatro de rua no país.

Em seu último e mais recente encontro nacional, a assembleia de articuladores da RBTR, reunida em Sorocaba/SP, decidiu pela elaboração não de uma carta, tal como vinha sendo feito, mas sim de um manifesto, através do qual fossem expressas as angústias decorrentes do processo de luta por políticas públicas travada ao longo de sua existência:

4. As prefeituras municipais é que, até então, assinavam o acordo com a Funarte e recebiam oficialmente a verba, a fim de repassá-la à RBTR.

os espaços simbólicos 57

Manifesto

Somos articuladores e articuladoras da Rede Brasileira de Teatro de Rua. Já há oito anos, ouvimos, dialogamos, aguardamos, lutamos, rebatemos, sentamos, exigimos desse governo ações concretas e, de fato, efetivas pela arte pública e pela cultura do nosso país. Agora, o diálogo é única oferta, já que o orçamento vergonhosamente vem sumindo aos nossos olhos, ano a ano. Sentimos que o sim ao diálogo deixou de ser possibilidade de transformação para tornar-se um estado de legitimação de uma falsa democracia, de uma falsa participação, de um falso programa de cultura que nunca houve. Cansamos! Não da luta, cansamos desse tipo de política da migalha. Não vemos sentido em sentar e dialogar com um ministro ou secretário se as conversas sempre esbarram na falta de verba. Por quais ralos escoam nosso dinheiro? No pagamento dos juros? No setor de marketing das empresas? Nos gastos com militarização? Nas poucas famílias que controlam a mídia? Nos megaeventos? Nas empreiteiras e sua especulação imobiliária? Nos bancos? Nesse discurso que se diz popular, democrático e participativo, nunca antes na história desse país as instituições privadas lucraram tanto. "Não mexe comigo, que eu não ando só!" E, por isso, fortalecemos a nossa luta, engrossando esse caldo com os professores, com os movimentos de moradia, com os movimentos pela saúde pública, com as pautas pela desmilitarização da polícia, com o movimento indígena, com as mães de maio, com o movimento contra o genocídio nas periferias, com as pautas de descriminalização da maconha, com os quilombolas, com os povos da floresta, com o movimento LGBT, com as culturas populares, com os movimentos feministas, com o movimento negro, com as periferias, com os trabalhadores e trabalhadoras de todo país. Não há como produzir pensamentos, pautas, programas e leis mais elaboradas para a cultura do que as já construídas nesses últimos anos. Sabemos o que queremos. Já fizemos inúmeras cartas, documentos, reuniões. O que é necessário para o fomento efetivo dos trabalhadores e trabalhadoras de cultura desse país já está documentado há muito tempo. Resta pôr em prática. O dinheiro e a energia das caravanas, das conferências e das reuniões, para nós, torna-se agora um desperdício, um falso processo, uma falácia. Estamos reunidos, estamos conversando, continuamos nos organizando, mas agora seremos claros e diretos. Edital não é política pública. Exigimos: os editais transformados em leis com dotação orçamentária própria, com comissões eleitas pela sociedade civil; a criação da lei Prêmio do Teatro Brasileiro, nessas condições; a criação da lei Prêmio Para as Artes Públicas, nessas condições; a mínima fatia do orçamento de 2% em nível federal, 1,5% em nível estadual e 1% em nível municipal (PEC 150); o fim da renúncia fiscal, da lei Rouanet e de seu simulacro, o ProCultura. No sentido de viabilizar essas pautas, estamos prontos. Unimo-nos a diferentes frentes de luta, porque entendemos que o projeto maior é de uma sociedade que seja de fato pública e igualitária nas condições de sobrevivência de todos os seres humanos. Não faremos figuração em eventos do governo, nem demonstraremos apoio a um governo que não cumpre suas promessas, tampouco aceitaremos nada menos que o mínimo produzido por nossa categoria em oito anos de muita militância e pensamento conjunto.

Sem mais. E com os nossos, cada vez mais...

Rede Brasileira de Teatro de Rua – Sorocaba/SP – 17 de maio de 2015

5 Buscando os Próprios Caminhos

O Núcleo de Pesquisadores de Teatro de Rua

No contexto de efervescência da criação da RBTR, surge, em 2009, o Núcleo de Pesquisadores de Teatro de Rua, na tentativa de se desenvolver de forma sistemática atividades de pesquisa entre os teatreiros de rua. É preciso ressaltar, porém, que existiram iniciativas anteriores de criação de espaços virtuais de compartilhamento de experiências, ideias e trabalhos artísticos e/ou acadêmicos, surgidas no período inicial da RBTR, abrindo espaço para a ideia de criação do Núcleo. Destaca-se, nesse contexto, o blog[1] criado pelo articulador-pesquisador Adailtom Alves, ator do grupo paulistano Buraco d'Oráculo. Cabe lembrar, ainda, a importante contribuição de coletivos teatrais que realizaram produções teóricas significativas, como é o caso da Tribo de Atuadores Ói Nóis Aqui Traveiz e do Grupo Galpão, que vêm publicando revistas[2] e tornaram-se tema de livros de grande importância para o teatro

1. Disponível em: <www.teatrodernaeacidade.blogspot.com>. Provavelmente, é este, hoje, um dos arquivos digitais mais completos do teatro de rua brasileiro, uma vez que vem acompanhando regularmente as atividades da RBTR, desde a sua criação. As postagens iniciaram em dezembro de 2008, sendo a primeira um texto do próprio Adailtom sobre a 3ª Mostra de Teatro de Rua Lino Rojas, realizada em novembro daquele ano, em São Paulo, dentro da programação do IV Encontro da RBTR.

2. *Cavalo Louco* – Revista de Teatro da Tribo de Atuadores Ói Nóis Aqui Traveiz; *Subtexto* – Revista de Teatro do Galpão Cine Horto; *Oficinão* – Caderno de Dramaturgia do Galpão Cine Horto.

brasileiro[3], além de criarem centros de formação e pesquisa que têm desenvolvido há vários anos projetos de indiscutível relevância cultural e social. Embora merecedoras de todo o mérito em meio ao vazio teórico existente na área, essas realizações representam, contudo, conquistas individuais de coletivos teatrais de rua que se mantiveram atuando somente no âmbito do movimento Redemoinho, na perspectiva do chamado "teatro de grupo", permanecendo externas à RBTR.

Surgiram, ainda, espaços de pesquisa – como o Centro de Pesquisa Para o Teatro de Rua Rubens Brito e o Instituto Pombas Urbanas, em São Paulo e, no Rio de Janeiro, no Instituto Tá na Rua Para as Artes, Educação e Cidadania – que produziram publicações e eventos voltados especificamente para as questões do teatro em espaço aberto. Assim, por meio das realizações pontuais de grupos teatrais de rua (pertencentes ou não à RBTR), a ideia de se criar um espaço de discussão sobre a produção estética e o universo de conhecimento pertinente ao teatro de rua, gradualmente tomou corpo entre os articuladores. Em decorrência dessa demanda, em março de 2009, a proposta foi levada e aprovada no V Encontro Nacional da RBTR (Aldeia de Arcozelo/RJ).

Dois meses depois, durante o XIV Encontro Nacional de Teatro de Rua de Angra dos Reis, surgiu a oportunidade concreta de se iniciar um processo mais sistemático de estudos teatrais sobre a rua. Nessa edição do evento, artistas-pesquisadores foram convidados especialmente para elaborar textos críticos sobre os espetáculos ali apresentados. Além disso, inseriram-se na programação momentos de discussão coletiva sobre a atividade de pesquisa voltada para a rua. Foi esse o pontapé inicial do desafio de proporcionar ao teatro de rua um tratamento teórico-científico que o alçasse à condição de "objeto de estudos" acadêmicos, ampliando o seu universo de fazeres, práticas e saberes milenares em direção a outro, igualmente importante: o do registro, da análise e da crítica.

No dia da abertura do evento, realizou-se um encontro informal, à sombra das árvores da praça do cais do porto, para a apresentação da proposta aos interessados. Na ocasião, estavam presentes vários articuladores da RBTR e artistas-pesquisadores convidados. Aprovada a ideia,

3. Cf. S. Alencar, *Atuadores da Paixão*; C.A.L. Brandão, *Grupo Galpão*; V. Santos (org.), *Aos Que Virão Depois de Nós*.

os espaços simbólicos   61

combinou-se uma reunião para a definição de princípios, diretrizes e ações do então nascente Núcleo de Pesquisadores. Esta se realizou dois dias depois (em 9 de maio), na área de lazer do Hotel Acrópolis, onde parte dos grupos participantes estava hospedada. Segue o texto da carta que documenta a sua criação:

Carta do Núcleo de Pesquisadores de Teatro de Rua

Compreendendo que as conquistas da Rede Brasileira de Teatro de Rua na área das políticas públicas exigem como complemento indispensável uma atividade de pesquisa, tem início nesta data, durante o xiv Encontro Nacional de Teatro de Rua de Angra dos Reis, o Núcleo de Pesquisadores de Teatro de Rua, a partir das seguintes ações prioritárias:

◆ Produzir um documento, com base nesta carta, a ser encaminhado a órgãos competentes (Faperj, COOPT, SATEDs, núcleos de pesquisa das universidades públicas, CPMT e outros) sob a forma de projeto, cujas ações possam repercutir em diversos estados do país. Esta ação terá como principais articuladores os pesquisadores teatrais que atuam efetivamente em universidades (Unirio, Unicamp, UFMG, Udesc, UFBA, UFU, Unesp etc.).

◆ Fazer o mapeamento dos coletivos teatrais que têm a rua como referência espacial prioritária na construção de suas respectivas estéticas, a fim de construir um acervo documental de suas pesquisas.

◆ Estimular a criação de centros de referência para o teatro de rua.

◆ Criar um portal na internet que possibilite a socialização do material documental já existente (textos, críticas, pesquisas, material audiovisual etc.).

◆ Incluir na programação dos eventos oficiais de teatro de rua (mostras, festivais etc.) momentos específicos para a atividade investigativa, como o estudo de vídeos que apresentem experiências teatrais de diferentes momentos históricos, a abordagem de uma determinada temática, a reflexão sobre a trajetória de um grupo etc.

◆ Elaborar, ao final desses eventos oficiais, uma publicação com críticas e comentários sobre os espetáculos realizados, e um DVD dessas apresentações.

◆ Elaborar um inventário das instituições de ensino e profissionais a elas alocados que têm interesse pelo teatro de rua.

Assinam o documento:

Adailtom Alves (Grupo Buraco d'Oráculo – SP)

Alexandre Mate (professor adjunto Unesp – SP)

Ana Rosa Tezza (Cia. Arte da Comédia – PR)

André Carreira (professor adjunto Udesc – SC)

André Garcia (Cia. Será o Benidito? – RJ)

Caíto Guimaraens (graduando de teatro – Unirio)

Jussara Trindade (doutoranda – Unirio)

Harley Nóbrega (Núcleo Pavanelli de Teatro de Rua e Circo – SP)

Hélio Fróes (Cia. Nu Escuro – GO)

Licko Turle (doutorando – Unirio)

Lucas Oradovschi (graduando de teatro – Unirio)

Marcos Pavanelli (Núcleo Pavanelli de Teatro de Rua e Circo – SP)

Matheus Longui (graduando de teatro – Unirio)

Michelle Cabral (Palhaça – MA)

Renata Lemes (Cia. do Miolo – SP)

Violeta Villas Boas (arquiteta e pesquisadora de arte em espaços abertos);

Zeca Ligiéro (professor adjunto Unirio – RJ).

Angra dos Reis, 9 de maio de 2009.

Cabe lembrar que a responsabilidade pela primeira ação foi assumida, na ocasião, pelos docentes-pesquisadores Zeca Ligiéro e Alexandre Mate, da Unirio e Unesp, respectivamente. A sua finalidade era obter apoio institucional, em especial quanto a recursos financeiros, para o desenvolvimento das ações previstas na carta ou outras. Já a ação de "elaborar, ao final desses eventos oficiais, uma publicação com críticas e comentários sobre os espetáculos realizados, e um DVD dessas apresentações", ficou a cargo dos articuladores Licko Turle e Jussara Trindade, uma vez que, como curadores e organizadores do evento em Angra, tiveram condições de providenciar a infraestrutura necessária para fazer o registro audiovisual das atividades (espetáculos, cortejos, debates etc.) do encontro[4].

As demais ações da carta foram, desde então, realizadas parcial ou totalmente pelos articuladores, no decorrer dos anos seguintes, mesmo em meio a dificuldades e restrições diversas. Pode-se afirmar, passados alguns anos de sua criação, que os princípios que

4. Mais tarde, o conteúdo textual decorrente desse registro, sobretudo os comentários críticos dos espetáculos apresentados, foi publicado na íntegra como um dos capítulos do livro de L. Turle; J. Trindade (orgs.), *Teatro de Rua no Brasil: A Primeira Década do Terceiro Milênio*.

os espaços simbólicos

nutriram o Núcleo de Pesquisadores de Teatro de Rua se disseminaram em diferentes direções, alcançando espaços até mais distantes daqueles imaginados pelos seus idealizadores. Um dos caminhos que viabilizaram essa notável expansão da atividade de pesquisa entre os fazedores teatrais de rua se deu com a criação do grupo virtual[5], inaugurado com o seguinte texto de abertura:

> O Núcleo de Pesquisadores de Teatro de Rua, criado em 9 de maio de 2009, durante o XIV Encontro Nacional de Teatro de Rua de Angra dos Reis, é um coletivo de pesquisadores teatrais que investiga a modalidade teatro de rua com o objetivo de produzir material científico: artigos, ensaios, críticas, produção técnica (livros, DVDS, revistas, jornais, cursos, seminários e outros), visando contribuir para a reflexão e a prática de estudantes, pesquisadores, grupos e artistas de rua.
>
> O Núcleo é uma iniciativa autônoma e independente e funciona de forma virtual (via internet) e presencial através de encontros e reuniões organizadas por seus membros.
>
> O ingresso neste grupo está condicionado àqueles que já tenham iniciado alguma atividade investigativa e que queiram trocar informações, ideias e conhecimentos sobre os diversos temas relacionados com a área.
>
> O novo integrante deve ser apresentado por um de seus membros e colocar o seu perfil na página do grupo.
>
> Para atingir suas metas e objetivos, o Núcleo pode se associar a instituições, organizações, participar de editais, captar recursos, conveniar e fazer parcerias.

A realização das demais ações previstas na carta do Núcleo de Pesquisadores de Teatro de Rua se viu, contudo, dificultada por fatores diversos. O maior dentre estes foi, sem dúvida, a inexistência quase total de instituições oficiais – escolas, faculdades e universidades públicas ou privadas etc. – onde já funcionassem espaços de discussão, programas, disciplinas, cursos ou linhas de pesquisa voltadas para a modalidade, de modo que pudessem oferecer respaldo e infraestrutura a uma atividade que, para ser realizada de forma satisfatória, exige tempo e recursos humanos, econômicos e tecnológicos.

Esse estado de invisibilidade do teatro de rua dentro dos espaços oficiais de ensino de teatro se devia, em grande parte, à ausência, naquele momento, de fazedores

5. Disponível em: <https://br.groups.yahoo.com/neo/groups/nucleodepesquisadoresdeteatroderua/info >.

teatrais de rua que atuassem como docentes nos quadros efetivos das universidades brasileiras. Ficou patente a importância das instituições de ensino superior, sobretudo públicas, para o desenvolvimento da pesquisa sobre o teatro de rua. As IES oferecem condições adequadas à consecução de projetos significativos de natureza investigativa, como espaço físico, recursos materiais e humanos. No entanto, principalmente, são um espaço institucional cujo papel precípuo, além do ensino em si, é o de apoio ao desenvolvimento de projetos de pesquisa de reconhecida relevância para o país; enfim, as universidades detêm a infraestrutura mínima necessária para dar um suporte adequado a atividades de pesquisa.

As ricas possibilidades oferecidas pela instituição "universidade" pareciam estar, porém, totalmente fora do alcance da maioria dos fazedores teatrais de rua brasileiros. Fosse por razões socioeconômicas e/ou geográficas, fosse pela adoção de um discurso pautado na ética e na estética dos saberes populares, da oralidade e do aprendizado informal, grande parte dos teatristas de rua do país (e uma parcela significativa dos articuladores da RBTR) via com desconfiança ou rejeitava explicitamente o conhecimento sistematizado tido, de modo pejorativo, como "acadêmico". Por consequência, o papel decisivo que a universidade pública representa para a vida política do país permanecia desconhecido, e o seu potencial transformador, inacessível para o teatro de rua.

Em meio a esse panorama desanimador, foi fundamental a contribuição do Movimento de Teatro de Rua de São Paulo – MTR/SP. Nascido em 2002, pela união de sete grupos teatrais paulistanos interessados em debater temas pertinentes ao teatro de rua, o MTR/SP desenvolveu ações e eventos importantes, como a Overdose de Teatro de Rua, a Mostra de Teatro de Rua Lino Rojas e seminários de teatro de rua por vários anos.

Em abril de 2009, o MTR/SP lançou a revista *Arte e Resistência na Rua*[6]. Em sua segunda edição, em 2010, publicaram-se as reflexões críticas de estudantes de cursos de graduação e pós-graduação em teatro sobre os espetáculos apresentados na 4ª Mostra de Teatro de Rua Lino Rojas. Esses exercícios, fundamentados em distintas abordagens teóricas, foram escritos em estilos que variaram entre a

6. A revista teve cinco edições até o momento: abril de 2009, julho de 2010, março de 2012, agosto de 2014 e novembro de 2015 (sendo as duas últimas em versão virtual, numa iniciativa do MTR/SP e do Grupo de Pesquisa Crítica aos Espetáculos de Rua, da Unesp, sob a coordenação de Alexandre Mate). Disponível em: <http://rbtr.com.br/wordpress/>.

os espaços simbólicos   65

"quase crônica" e a crítica propriamente dita, segundo seu coordenador, docente-pesquisador da Unesp, Alexandre Mate.

O MTR/SP realizou, em fevereiro de 2010, o III Encontro do Núcleo de Pesquisadores de Teatro de Rua[7], ocasião em que foi criado o Núcleo Paulistano de Pesquisadores de Teatro de Rua. Nesse ano, este último realizou na Unesp, também sob a coordenação de Mate, o curso de extensão Apontamentos Conceituais Sobre Teatro de Rua e o I Fórum de Teatro de Rua durante o qual houve o lançamento da 2ª edição da revista *Arte e Resistência na Rua*. Em 2011, promoveu-se na Unesp o projeto de extensão As Cenas de Rua no Teatro de Rua. O formato do projeto foi composto por fóruns mensais de discussão, além da criação do Portal de História do Teatro Mundial e Brasileiro do Instituto de Artes da Unesp[8], tornando-se parte da linha de pesquisa Artes Cênicas – História, Estética e Dramaturgia, que abriga as críticas de teatro de rua produzidas desde 2009 por alunos dessa universidade.

Dando continuidade à parceria entre o MTR/SP, o Núcleo Paulistano de Pesquisadores de Teatro de Rua e a Unesp, ainda em 2011 ocorreu nessa universidade o II Fórum de Teatro de Rua, que reuniu pesquisadores de diversas áreas teatrais para discutir o teatro de rua, de revista, o circo-teatro, o teatro de feira, o teatro épico, a ocupação dos espaços públicos e outros assuntos sob o tema geral As Formas Fora da Forma. Em 2012, o tema dos encontros realizados na Unesp foi As Práxis Com o *Gestus* no Teatro de Rua. A partir de 2012 até 2014, passaram a ser estudados nessas discussões textos teatrais populares e de rua, além da novidade de inserção de derivas pelo bairro da Barra Funda como parte da disciplina Estudos Práticos do Teatro Brasileiro, ministrada por Alexandre Mate.

Outras iniciativas desse período, realizadas por articuladores-pesquisadores da RBTR, embora não em parceria com instituições oficiais de ensino, demonstraram estar em consonância com as ações previstas na carta de 2009 que inaugurou o Núcleo de Pesquisadores de Teatro de Rua. Destaca-se, nesse sentido, o 1º

7. O evento foi realizado no Espaço Pyndorama, da Cia. Antropofágica, e contou com o dramaturgo e diretor Calixto de Inhamuns, que apresentou "A Trajetória do Teatro Mambembe" para os participantes, artistas dos grupos: Trupe Olho da Rua, Cia. Antropofágica, Núcleo Pavanelli, Brava Companhia, Populacho e Pic-Nic Classe C, Cia. do Miolo, Pombas Urbanas, Cia. Ocamorana, e o pesquisador José Cetra.

8. O portal <www.teatrosemcortina.ia.unesp.br>, sob a coordenação de Alexandre Mate, abrange conteúdos de teatro, teatro de grupo, programas de teatro, teatro paulistano, crítica teatral e teatro de rua, alimentados por uma equipe de estudantes das áreas de Artes e Teatro da Unesp.

Encontro Para Reflexão do Teatro de Rua do Nordeste, promovido pelo Grupo Quem Tem Boca É Pra Gritar, em outubro de 2010, na cidade de João Pessoa[9]. A sua importância reside no fato de ter sido o primeiro evento do país que se voltou especificamente para a pesquisa em teatro de rua produzido pela iniciativa autônoma de um coletivo de rua – no caso, um dos grupos mais antigos do país, que se notabilizou no meio teatral de rua pela busca de uma linguagem regional própria. Mobilizados com as questões de sua investigação estética, os integrantes desse emblemático coletivo rueiro planejaram, produziram e realizaram, sob a liderança do ator e diretor Humberto Lopes, um evento importante sobre o teatro de rua e as características singulares da modalidade na região Nordeste.

Ao longo dos anos, os encontros presenciais dos integrantes do Núcleo de Pesquisadores de Teatro de Rua, por razões práticas e de produção, foram incorporados aos Encontros Nacionais da RBTR para congregar, hoje, integrantes que são, em sua maioria, também os articuladores da Rede. Nesses momentos, os pesquisadores apresentam relatos de experiências, disponibilizam suas produções bibliográficas, divulgam seus trabalhos acadêmicos e fornecem informações de interesse para os articuladores-pesquisadores, mantendo o âmbito da RBTR como um espaço fértil de troca e compartilhamento de conhecimentos sobre o teatro de rua brasileiro.

Uma das mais recentes iniciativas, que não deixou margem de dúvida quanto à eficácia da mobilização dos teatristas de rua brasileiros em prol da construção de seu próprio corpo teórico de conhecimentos, foi a Mostra Conexões Para Uma Arte Pública realizada em 2014 pela Tribo de Atuadores Ói Nóis Aqui Traveiz, com recursos oriundos do Fundo de Apoio à Cultura – ProCultura RS FAC (lei n.13.490/10). Durante todo o mês de dezembro de 2014, a mostra promoveu o encontro entre grupos teatrais de Porto Alegre, Rio de Janeiro, Belo Horizonte e São Paulo que, além de possuírem longa e significativa trajetória, também fomentam ações culturais nos espaços artísticos que mantêm em suas cidades.

---

9. Participaram os seguintes grupos de rua: Associação Teatral Joana Gajuru (Maceió/AL); Alegria Alegria (Natal/RN); Cia. de Circo de Teatro Lua Crescente (João Pessoa/PB); Grupo de Teatro Quem Tem Boca é Pra Gritar (João Pessoa/PB); Grupo Teatro de Caretas (Fortaleza/CE); Associação de Teatro de Olinda (PE); Gaio (PE); Ilhá-Rodhá-D'Art-Negra (Olinda/PE); Locomotiva de Teatro (João Pessoa/PB); O Pessoal do Tarará (Mossoró/RN); e o pesquisador Licko Turle, representando o Núcleo de Pesquisadores de Teatro de Rua.

os espaços simbólicos 67

Assim, o trabalho artístico e pedagógico realizado na sede Terreira da Tribo, em Porto Alegre, foi apresentado gratuitamente nos pontos de cultura dos grupos Tá na Rua, do Rio de Janeiro, Pombas Urbanas, de São Paulo e Casa do Beco, de Belo Horizonte, estabelecendo entre a Tribo de Atuadores, os grupos "anfitriões" e suas respectivas comunidades, um diálogo sobre a ideia de arte pública como possibilidade concreta de articular a arte à melhoria das condições de vida da população de uma cidade.

O ano de 2015 iniciou de forma auspiciosa para o teatro de rua do Rio de Janeiro. Realizada em janeiro, sob a coordenação do ator circense André Garcia, da Cia. Será o Benidito?, a I Mostra Bonde Rua reuniu espetáculos, oficinas e um seminário, e contou com a participação de grupos de teatro de rua, artistas e pesquisadores cariocas e/ou residentes na capital fluminense. Esse evento modesto, realizado com recursos próprios e apoio logístico da UFRJ, teve grande relevância do ponto de vista do reconhecimento do teatro de rua por essa renomada universidade federal, que abriu as portas do seu Colégio Brasileiro de Altos Estudos – CBAE/UFRJ aos fazedores teatrais participantes do evento e lhes permitiu criarem, neste, um espaço de discussão estética e política sobre o atual lugar do teatro de rua dentro do sagrado território acadêmico.

Logo, ao observarmos o percurso brevemente descrito, podemos concluir que a pesquisa no âmbito do teatro de rua brasileiro tem seguido caminhos diversos, evidenciando a vitalidade dos seus articuladores-pesquisadores na busca de espaços, meios, recursos, parcerias e ações para a consecução de projetos voltados para o campo da reflexão teórica e análise estética, além da discussão política. Durante o IX Encontro Nacional da RBTR, em 2011 (Teresópolis/RJ), por exemplo, uma das propostas mais discutidas foi a criação de quatro grupos de trabalho – GT Comunicação, GT Política e Ações Estratégicas, GT Colaboração Artística e GT Pesquisa – com o objetivo de estimular a organização de articuladores e coletivos regionais para o desenvolvimento de ações internas da Rede nessas áreas específicas, nos períodos entre encontros. Desde então, a proposta dos GTS integra o conjunto de princípios da RBTR, como podemos observar na carta do Hotel da Loucura, documento que registrou o encontro nacional, realizado em setembro de 2014, na cidade do Rio de Janeiro.

Carta do Hotel da Loucura — Rio de Janeiro

É necessário se espantar,
se indignar e se contagiar,
só assim é possível mudar a realidade.
Nise da Silveira

A Rede Brasileira de Teatro de Rua (RBTR), criada em março de 2007, em Salvador/BA, é um espaço físico e virtual de organização horizontal, sem hierarquia, democrático e inclusivo. Todos os grupos de teatro, trabalhadores(as) da arte, pesquisadores(as) e pensadores(as) envolvidos com o fazer artístico de rua, pertencentes à RBTR, são seus articuladores(as) para, assim, ampliar e capilarizar, cada vez mais, reflexões e pensamentos, com encontros, movimentos e ações em suas localidades.

O intercâmbio da RBTR ocorre de forma presencial e virtual, entretanto, toda e qualquer deliberação é definida por consenso nos encontros presenciais. Os seus articuladores(as) realizam dois encontros anuais em diferentes regiões brasileiras, contemplando as várias regiões do país.

Articuladores(as) e coletivos regionais de todos os estados deverão organizar-se para garantir a sua participação nos encontros e dar continuidade às ações iniciadas nos grupos de trabalho (GTS), a saber: 1. política e ações estratégicas; 2. pesquisa; 3. colaboração artística; 4. comunicação.

Em pleno século XXI, ainda pratica-se o cerceamento das liberdades individuais e coletivas, priva-se o(a) cidadão(ã) do convívio social, cercando-o (a) em espaços isolados, da mesma forma que proíbe-se aos artistas a ocupação de espaços públicos. Tal que a RBTR, reunida de 1º a 7 de setembro de 2014, na cidade do Rio de Janeiro/RJ, em seu XV Encontro de Articulador(a)s, em conjunto, então, com a Universidade Popular de Arte e Ciência (Upac), durante a III edição do evento Ocupa Nise, reafirma sua missão de:
• Lutar por um mundo socialmente justo e igualitário que respeite as diversidades.
• Contribuir para o desenvolvimento das artes públicas, possibilitando trocas de experiências artísticas e políticas entre os articuladores(a) da RBTR.
• Lutar por políticas públicas para as artes públicas com investimento direto do Estado, por meio de fundos públicos de cultura estabelecidos em leis e com dotação orçamentária própria através de chamamentos públicos, prêmios e processos transparentes com comissões paritárias eleitas pela sociedade

os espaços simbólicos 69

civil, garantindo, assim, o direito à produção e o acesso aos bens culturais para todos(as) os(as) brasileiros(as).

• Lutar pelo livre uso e acesso aos espaços públicos, garantindo a prática artística e respeitando as especificidades dos diversos segmentos das artes públicas, de acordo com o artigo v da Constituição brasileira que, no nono inciso, diz que "é livre a expressão da atividade intelectual, artística, científica e de comunicação, independentemente de censura ou licença".

Os articuladores(as) da RBTR, com o objetivo de exigir políticas para as artes públicas, defendem, em nível local:

• Total apoio ao Programa de Políticas Públicas Para as Artes Públicas, desenvolvido e apresentado pelo Fórum de Artes Públicas, cujos participantes se reúnem todas as segundas-feiras, há três anos, no Espaço Cultural Casa do Tá na Rua, na Lapa (RJ).

• Considerando que a arte pública também é uma forma de promoção da saúde, apoio à continuidade da ocupação do Hotel Spa da Loucura, dentro do Hospital Pedro II e Instituto Nise da Silveira (RJ).

• A efetiva descentralização das ações e dos equipamentos públicos de cultura, assim como a ampliação das sedes públicas na cidade do Rio de Janeiro;

E, também, em nível nacional:

• A criação de leis de fomento para o teatro de rua que assegurem produção, circulação, formação, trabalho continuado de artistas de rua – organizado(a)s, ou não, em coletivos –, registro e memória, manutenção de grupos e espaços, pesquisa, intercâmbio, vivência, mostras e encontros de teatro, levando-se em consideração as especificidades de cada região.

• A aprovação imediata da lei federal n.1096/11 que regulamenta as manifestações culturais de rua, em tramitação no Congresso Nacional, bem como a extinção de todas e quaisquer repressões, cobranças de taxas e excessivas burocracias para as apresentações dos trabalhadores(as) da arte de rua pelo país.

• A criação de um projeto de lei para a ocupação de prédios, terrenos e outros imóveis públicos ociosos, transformando-os em sedes de grupos artísticos ou espaços culturais e comunitários que atendam a função social da arte como direito público, bem como a permanência e legitimidade dos espaços já existentes.

• A publicação dos editais no âmbito federal no primeiro trimestre de cada ano, com maior aporte de verbas, e que estas sejam liberadas sem atrasos, respeitando-se os prazos estipulados pelo edital, bem como a divulgação de um parecer técnico de todos os projetos avaliados pela comissão, juntamente com a lista de contemplados e suplentes.

• Que os editais do governo federal sejam estruturados de forma que cada região seja contemplada com um edital específico, respeitando suas particularidades, inclusive observando a necessidade de composição de comissões paritárias, indicadas pela RBTR e pelos movimentos artísticos organizados.

• Que sejam respeitadas a representatividade, as indicações e deliberações do teatro de rua nos colegiados setoriais e conselhos das instâncias municipais, estaduais, distrital e federal.

• A aprovação e regulamentação imediata da PEC 150/03, atual PEC 147, que vincula para a cultura o mínimo de 2% do orçamento da União, 1,5% do orçamento dos estados e Distrito Federal e 1% dos orçamentos dos municípios.

• A aprovação e regulamentação imediata da PEC 236/08, que determina a cultura como direito social.

• A criação de uma legislação de contratação específica para a cultura, uma vez que a lei n.8.666/93, que trata das licitações e contratações no âmbito governamental, não contempla as singularidades da área cultural, como cooperativas, associações ou instituições sem fins lucrativos.

• A extinção da lei Rouanet e de quaisquer mecanismos de financiamentos que utilizem a renúncia fiscal, rejeitando, portanto, a sua reforma, o ProCultura, por compreendermos que a utilização da verba pública deve ocorrer por meio do financiamento direto do Estado, através de programas em forma de prêmios e leis elaboradas pelos segmentos organizados da sociedade.

• A inclusão nos currículos das instituições públicas de ensino de teatro, de nível técnico e superior, de disciplinas voltadas especificamente para a cultura popular brasileira, o teatro de rua e o teatro da América Latina.

• O financiamento de publicações e estudos específicos sobre o teatro de rua e a cultura popular, como meio de registro, valorização e respeito às suas formas e saberes, assim como sua ampla distribuição.

• A mudança do edital Arte na Rua para edital Arte Pública, o aumento de recursos e que sua gestão seja feita diretamente pelo CEACEN, e não pela Coordenadoria de Circo.

Os articuladores(as) da RBTR repudiam:
• A criminalização dos movimentos e lutas por direitos sociais, tal como a militarização da polícia como forma de ação estatal.

os espaços simbólicos   71

• A ação violenta das igrejas e seus missionários, que, historicamente, massacram, exterminam e destroem práticas, costumes e tradições culturais dentro dos territórios indígenas e quilombolas, inclusive nas suas manifestações urbanas.
• O fundamentalismo religioso, que estimula ações de intolerância contra a comunidade LGBT e culturas de matriz africana.
• A cobrança de quaisquer taxas, alvarás, licenças e toda forma de burocratização para o uso dos espaços públicos abertos, como praças, ruas, entre outros.
• O decreto de regulamentação da lei do artista de rua da cidade de São Paulo, de n.54.948/14, que distorce por completo a lei n.15.776/13.

A RBTR, articulada com a Upac (Universidade Popular de Artes e Ciências):
• Reafirma seu engajamento com iniciativas voltadas para a transformação social.
• Inclui o dia 18 de maio, Dia Nacional da Luta Antimanicomial, na agenda de luta da RBTR, contra toda forma de opressão às pessoas em situação de sofrimento psíquico.
• Institui o dia 27 de junho como data oficial da Tomada do Brasil pelas Artes Públicas para celebração e luta pelas artes públicas, em memória à atriz e produtora cultural Luana Barbosa, assassinada brutalmente, nesse dia, por um policial militar, na cidade de Presidente Prudente/SP.
• Frente ao fato, reafirma que: "Nós somos as forças desarmadas da população" (Amir Haddad).
• Redige um Manifesto Por Uma Arte Pública, a fim de divulgar à sociedade seus princípios e reafirmar sua discordância com a política de editais, exigindo uma política de Estado para as artes públicas através de leis de fomento nos âmbitos municipais, estaduais e federal.

O teatro de rua é símbolo de resistência artística, agente cultural, comunicador, gerador de sentido, propósito de novas razões do uso dos espaços públicos abertos; assim, reafirmamos o dia 27 de março, Dia Mundial do Teatro, Dia Nacional do Circo e Dia Nacional do Grafite, como o Dia de Mobilização e de Luta Por Políticas Públicas Para as Artes Públicas, e conclamamos os trabalhadores(as) das artes de rua e a população brasileira, em geral, a lutarem pelo direito à cultura e pelo digno exercício de seu ofício.

Foi confirmado pelo conjunto de articuladores(as) presentes no Rio de Janeiro que o próximo encontro da RBTR será sediado na cidade de Sorocaba/SP (maio de 2015) e, na sequência, na cidade de Fortaleza/CE (novembro de 2015).

"Saúde não se vende,
Loucura não se prende,
Quem tá doente é o sistema cultural.
Cultura não se vende,
Loucura não se prende,
Quem tá doente é o sistema social."

Hotel da Loucura, Engenho de Dentro, Rio de Janeiro, 7 de setembro de 2014

Observa-se, pelo teor do mais recente documento da RBTR, a preocupação dos articuladores de teatro de rua brasileiro com o desenvolvimento da modalidade em todas as esferas da vida do país, na certeza de que os problemas relativos à dimensão ético-política do teatro estão inteiramente imbricados aos de ordem estético-teórica. Assim, além dos espaços concretos e objetivos das ruas, os fazedores teatrais de rua mobilizam-se para ocupar, também, espaços de outras naturezas.

6

Infiltrando-se na Academia

A Criação do GT Artes Cênicas na Rua da Abrace

Em 2009, ano de criação do Núcleo de Pesquisadores de Teatro de Rua, vários articuladores da RBTR encontravam-se na condição de estudantes de teatro, fazendo cursos de mestrado ou doutorado em programas de pós-graduação em Artes Cênicas de diversas universidades brasileiras. Pressionados pelas exigências acadêmicas, esses pesquisadores "da rua" tornavam-se sócios da Associação Brasileira de Pesquisa e Pós-Graduação em Artes Cênicas (Abrace), entidade de pesquisa teatral que goza de maior prestígio dentro do universo acadêmico em nosso país.

Contudo, ao associar-se o articulador encontrava nesse espaço oficial uma estrutura organizacional em grupos de trabalho (os chamados GTs), que não contemplavam o teatro de rua. Os dez GTs[1] já constituídos (exceto o GT Etnocenologia) voltavam-se para o estudo de temas que eram abordados predominantemente segundo os parâmetros de modalidades cênicas consagradas, como o teatro do palco à italiana ou, num viés mais contemporâneo, a performance. Dessa forma, os articuladores-pesquisadores da RBTR

[1] Dramaturgia, Tradição e Contemporaneidade; Estudos da Performance; Etnocenologia; História das Artes do Espetáculo; Pedagogia das Artes Cênicas; Pesquisa em Dança no Brasil; Processos de Criação e Expressão Cênicas; Teatro Brasileiro; Teorias do Espetáculo e da Recepção; Territórios e Fronteiras da Cena.

viam-se obrigados a vincular-se aos GTS existentes, o que configurava, portanto, uma situação de isolamento em relação aos companheiros, o que não permitia um avanço significativo de suas pesquisas em virtude da ausência de interlocutores em seus próprios espaços de discussão.

Logo surgiu um movimento informal para a criação de um GT de Teatro de Rua dentro daquela estrutura. Os articuladores passaram, então, a trabalhar objetivamente nesse sentido, entrando em contato com os pesquisadores mais atuantes nas universidades e na própria Abrace, buscando apoio e orientação sobre como proceder dentro das normas legais da instituição. Quando, no início da V Reunião Científica da Abrace, realizada em novembro de 2009, na Universidade de São Paulo (USP), foi apresentada aos associados a proposta de utilização de uma metodologia alternativa – o *open space*[2] – ao modelo tradicional de "comunicação oral" até então utilizado nesses encontros, os articuladores da RBTR viram a oportunidade de criar um espaço de discussão sobre o teatro de rua. E assim foi feito. Pela primeira vez, disponibilizou-se uma sala para os interessados na modalidade. Cabe lembrar que, nessa metodologia de trabalho, as reuniões são "abertas", ou seja, é dada aos participantes a liberdade de participarem livremente dos grupos de discussão sem a obrigatoriedade de uma apresentação formal de suas pesquisas. Isso imprime ao *open space* um caráter de informalidade que vem ao encontro do "espírito" do teatro de rua, em sua qualidade de permanente porosidade em relação ao mundo circundante e à necessidade de lidar com as interferências externas.

Ao final dos dias de debates, foram feitos os relatos dos grupos formados nessa reunião científica – dentre eles o do teatro de rua – para uma plateia de cerca de trezentos pesquisadores de artes cênicas de todo o país. Na ocasião, anunciou-se verbalmente ao conjunto de associados da Abrace a proposta de criação do GT Teatro de Rua como principal resultado de seu *open space*. No último dia do evento, uma carta-proposta redigida em forma de justificativa foi apresentada formalmente à assembleia geral, a fim de ser submetida à apreciação e votação pelos associados.

---

2. Nessa metodologia, os participantes têm a liberdade de propor e escolher temas geradores. Para isso, os temas são expostos num painel à vista de todos. Aqueles considerados secundários são agregados aos prioritários e, a partir daí, os pesquisadores se reúnem em espaços separados para discutir o tema de seu interesse. Dois relatores assumem a responsabilidade de, ao final do período de debates internos, apresentar a todos os demais participantes do evento os principais pontos de suas discussões, numa grande reunião geral.

os espaços simbólicos   75

A proposta não chegou, porém, ao desfecho desejado, sob a explicação da mesa diretora de que tal deliberação poderia ser realizada oficialmente somente durante um congresso – a proposta foi apresentada numa reunião científica. Além disso, havia a exigência de um número mínimo de pesquisadores como assinantes da proposta, os quais deveriam contemplar, inclusive, as cinco regiões do país. Foi sugerido, ainda pela mesa, que os interessados na proposta formassem um grupo de estudos para conseguir viabilizar, no período até o congresso da Abrace, as exigências ali apresentadas. E, assim, adiou-se o pleito para o ano seguinte.

Criação do GT Teatro de Rua na Abrace: Justificativa

Ainda que não assim denominado, o teatro de rua é a primeira modalidade teatral criada pelo homem. Assumindo diferentes formas, em épocas e lugares distintos, as manifestações espetaculares realizadas em espaços abertos estiveram presentes em todas as civilizações da Antiguidade, até chegarem aos nossos dias.

No Brasil, o nascimento do teatro de matriz grega é associado à presença da Companhia de Jesus e às suas representações de autos e de mistérios nas colônias do Novo Mundo. A promoção do teatro pela Igreja Católica, no Brasil, dentro ou fora das igrejas, ainda em meados do século XVIII, aparece como uma constante na ainda pequena historiografia teatral. O *Dicionário do Teatro Brasileiro* relaciona o teatro de rua, enquanto "obra dramática *intencionalmente* produzida para ser apresentada em locais exteriores ao tradicional *edifício teatral*", à modernização do teatro brasileiro, com a crescente industrialização do país ocorrida nas primeiras décadas do século XX, e a vinda de imigrantes europeus para as grandes cidades. Nos anos de 1960 e 1970, o teatro de rua torna-se, também, símbolo de resistência cultural à ditadura implantada pelo golpe militar, em 1964. Desse período, destacam-se as produções teatrais do Movimento de Cultura Popular (MCP), fundado em Pernambuco, ainda na década de 1950; e as produções do Centro Popular de Cultura (CPC), da União Nacional dos Estudantes, no Rio de Janeiro, fundado em 1961. Ao mesmo tempo que tais manifestações desenvolviam-se nos dois estados, coletivos teatrais importantes surgiam em vários pontos do país, dentre os quais podem ser citados: Teatro Popular União e Olho Vivo (1966 – SP); Teatro Livre da Bahia (1977 – BA); Tribo de Atuadores Ói Nóis Aqui Traveiz (1977 – RS); Imbuaça (1977 – SE).

Por meio da chamada distensão política iniciada em 1978, a partir da década de 1980 o teatro de rua aprofunda muitos de seus processos de pesquisas, cria ou retoma muitas de suas experiências estéticas. Desse significativo processo, deve-se destacar, sobretudo, a reconquista de espaços abertos, como praças e ruas, antes proibidas pelo regime autoritário. Nesse momento, surgem novos grupos, tais como: Tá na Rua (1980 – RJ); Grupo Galpão (1982 – MG); Teatro Universitário Mandacaru (1983 – PB); Alegria, Alegria (1984 – RN); Teatro Popular de Aracaju (1986 – SE); Teatro de Anônimo (1986 – RJ); Quem Tem Boca É Pra Gritar (1988 – PB); Fora do Sério (1988 – SP); Oikoveva (1989 – RJ); Parlapatões, Patifes & Paspalhões (1990 – SP); Falus & Stercus (1991 – RS); Buraco d'Oráculo (1998 – SP), apenas para citar alguns dos muitos que, desde então, vêm participando da construção de nossa realidade cênica.

Nascidos da efervescência do período pós-ditadura, os grupos citados caracterizam-se não apenas pelo uso de espaços abertos da cidade, mas também pela participação na formulação de políticas públicas brasileiras, integrando organizações teatrais, como a Confederação de Teatro Amador – Confenata, que, nos anos de 1970, fomentou apresentações de grupos e conseguiu ampliar consideravelmente o número de festivais pelo território nacional. Nos anos de 1980, o teatro de rua esteve mais ligado ao Movimento Brasileiro de Teatro de Grupos e, posteriormente, ao Redemoinho – Movimento Brasileiro de Espaços de Criação, Compartilhamento e Pesquisa Teatral, criado em 2004, na sede do Grupo Galpão (MG). A atuação do Redemoinho, durante vários anos promovendo debates por todo o país acerca das políticas públicas no campo teatral, possibilitou a muitos grupos de rua um contato regular, surgindo daí o desejo de buscarem um espaço próprio para as discussões de seu interesse.

Com a cada vez maior facilidade de acesso às novas tecnologias da rede mundial de computadores (internet), artistas e coletivos, antes isolados, passam a se conhecer mutuamente e a trocar experiências e ideias. Surgem movimentos estaduais e regionais de teatro de rua em vários estados da Federação, organizando-se em redes virtuais e/ou presenciais. Em 2007, durante o evento A Roda: O Teatro de Rua em Questão, realizado na cidade de Salvador, é proposta a criação da Rede Brasileira de Teatro de Rua (RBTR), com o principal objetivo de caracterizar-se como "um espaço físico e virtual de organização horizontal, sem hierarquia, democrático e inclusivo", cuja função pressuporia o "lutar por políticas públicas de cultura com investimento direto do Estado em todas as instâncias: municípios, estados e União" (*Carta da rbtr*, 2007). Com o encerramento das atividades do Redemoinho, no início

os espaços simbólicos   77

de 2009, a RBTR torna-se um espaço não apenas político, mas também identitário para os artistas de rua. A organização própria e autônoma permite-lhes, então, participar ativamente dos processos decisórios na esfera pública, opinando sobre a utilização de verbas e a elaboração de editais na área artística.

A ação política da RBTR estende-se também à produção de conhecimento, na crescente necessidade de reflexão teórica sobre as especificidades do teatro que se realiza em espaços externos ao edifício teatral: formação do ator, dramaturgias, uso do espaço, relação com o público; enfim, na dimensão estética do fenômeno teatral de rua. Integrantes da RBTR estão, no momento, desenvolvendo projetos de pesquisa sobre o teatro de rua em programas de pós-graduação em Artes Cênicas de várias universidades do país. Estes e outros estudos anteriores têm contribuído para transformar as conotações pejorativas e marginalizadas a que o termo "teatro de rua" estava associado até mesmo entre seus pares.

Em março de 2009, durante o V Encontro Nacional da RBTR (Aldeia de Arcozelo/RJ) apresentou-se a proposta de criação do Núcleo de Pesquisadores de Teatro de Rua, a qual foi formalizada no mês seguinte, durante o XIV Encontro Nacional de Teatro de Rua de Angra dos Reis. A principal estratégia do Núcleo para tornar visíveis as potencialidades do teatro de rua enquanto objeto de pesquisa pressupunha o acompanhamento sistemático dos eventos de teatro de rua; os pesquisadores observam, registram, entrevistam artistas e grupos, viabilizam o intercâmbio de materiais documentais produzidos pelos próprios integrantes da RBTR (revistas, livros, cartazes etc.) e elaboram comentários críticos e reflexões sobre os espetáculos apresentados nas ocasiões, divulgando-os na Rede. Desde abril, pesquisadores do Núcleo acompanharam eventos de teatro de rua em Santos/SP, Angra dos Reis/RJ, Inhamuns/CE, Florianópolis/SC, Porto Velho/RO, Uberlândia/MG, Itapira/SP, Sorocaba/SP, São Luís/MA, Floriano/PI. Atualmente, o Núcleo conta com associados de todas as regiões do país.

A conquista mais recente da RBTR foi a participação ativa nas discussões políticas que antecederam a elaboração do edital do Prêmio Funarte de Artes Cênicas na Rua, regulamentado pela portaria n.134, de 18 de junho de 2009, da Fundação Nacional de Artes (Funarte), do Ministério da Cultura. Embora na avaliação da RBTR o edital necessite de aperfeiçoamento, a sua criação representa em si mais uma conquista para o teatro de rua, pois, até recentemente, os editais existentes no país não contemplavam as suas especificidades, impondo aos seus profissionais uma situação de permanente desvantagem.

Há outra importante ação a ser apontada, ainda em processo de implantação. Trata-se da criação de um Portal de História do Teatro no âmbito da Universidade Estadual Paulista Júlio de Mesquita Filho, cujo projeto original pressupõe a nucleação de dois grupos de pesquisa: Cultura e Arte Latino-Americana e Teatro de Rua. Nesse sentido, foi apresentada uma comunicação pelo Dr. Alexandre Mate (que é, também, pesquisador do Núcleo de Pesquisadores de Teatro de Rua) sobre o assunto na v Reunião Científica da Abrace, ora em curso. O teatro de rua conta, hoje, com pesquisadores em diversas universidades brasileiras; portanto, a criação de um grupo de trabalho nesta Associação viabilizará legalmente uma prática que já vem sendo realizada, conforme as informações aqui apresentadas.

Enfim, é possível identificar, nas últimas décadas, um crescimento expressivo da atividade teatral de rua em nosso país. A cada dia, multiplicam-se os grupos, companhias e artistas-solo que, com suas propostas, éticas e estéticas, buscam ganhar as ruas de todas as maneiras, das mais tradicionais às mais inusitadas. Contudo, essa expansão não foi acompanhada por igual atitude investigativa, e o teatro de rua não recebe, ainda, um tratamento teórico-conceitual mais aprofundado por parte da maioria de seus praticantes. Corrigir essa distorção torna-se, portanto, uma tarefa urgente. Buscando um equilíbrio entre o *fazer* e o *refletir*, o teatro de rua poderá, finalmente, reivindicar o seu justo espaço na comunidade acadêmica como campo legítimo de conhecimento, capaz não somente de investigar as suas próprias questões, mas também de contribuir com o seu saber para o desenvolvimento do teatro brasileiro.

São Paulo, 6 de novembro de 2009

A justificativa acima apresentava, ainda, o seguinte anexo, contendo informações detalhadas sobre as realizações dos fazedores teatrais de rua no campo da pesquisa no país até aquele momento:

Alguns Dados Sobre o Teatro de Rua no Brasil

RBTR <www.grupos.com.br/group/teatroderuanobrasil> — 438 articuladores (indivíduos e coletivos)

Blog <http://teatroderuanobrasil.blogspot.com> — 32 articuladores
Rede Social <http://teatroderua.ning.com> — 125 articuladores

NPTR <https://br.groups.yahoo.com/neo/groups/nucleodepesquisadoresdeteatroderua/info> — 21 pesquisadores

os espaços simbólicos

Sócios da Abrace que pesquisam ou já pesquisaram o teatro de rua: Dra. Ana Maria Pacheco Carneiro (UFU), Dr. Alexandre Mate (Unesp), Dr. André Carreira (Udesc), Dra. Eliene Benício, Dr. Narciso Telles (UFU), Dr. Zeca Ligiéro (Unirio), Adailtom Alves (Unesp), Me. Jussara Trindade (Unirio), Me. Licko Turle (Unirio), Me. Lindolfo Amaral (UFBA), Renata Lemes (Unicamp), Me. Sandro de Cássio Dutra (Unirio).

Grupos teatrais de rua que já foram (ou são) temas de pesquisas, livros, dissertações e teses: Tribo de Atuadores Ói Nóis Aqui Traveiz, Tá na Rua, Teatro Popular União e Olho Vivo, Grupo Galpão, Grupo Lume, Grupo Revolucena, Ventoforte, Cia. Fora do Sério, Buraco d'Oráculo, Pombas Urbanas, As Graças, Parlapatões, Cooperativa de Artistas Oigalê, Teatro de Anônimo.

Pesquisas Acadêmicas Sobre Teatro de Rua

1. AMARAL FILHO, Lindolfo. *Na Trilha do Cordel: A Dramaturgia de João Augusto*. Dissertação de mestrado em Artes Cênicas, Salvador, Universidade Federal da Bahia, 2005.
2. ARAÚJO, Fábio César Lobato de. *Palhaços de Rua: Transcorpografia na Performance de Dois Vendedores de Rua de Salvador*. PPGAC/UFBA, 2006.
3. BENNATON, Pedro Diniz. *Deslocamento e Invasão: Estratégias Para a Construção de Situações de Intervenção Urbana*. CEART/Udesc, 2009.
4. BRITO, Rubens José Souza. *Teatro de Rua: Princípios, Elementos e Procedimentos — a Contribuição do Grupo de Teatro Mambembe (SP)*. Trabalho de livre-docência em Teatro, São Paulo, Unicamp, 2004.
5. BRITTO, Beatriz. *Arte e Mídia: A Ação do Grupo Ói Nóis Aqui Traveiz Como Espaço de Resistência e Suas Recepções na Mídia*. Tese de doutorado em Comunicação e Semióptica, São Paulo, Universidade Pontifícia Católica de São Paulo, 2007.
6. CARLETO, Simone. *Teatro Popular União e Olho Vivo: Cultura Tradicional e Arte Popular*. Programa de Pós-Graduação DACEFC — Departamento de Artes Cênicas, Educação e Fundamentos da Comunicação, São Paulo, Universidade Estadual Paulista Júlio de Mesquita Filho, 2009.
7. CARNEIRO, Ana Maria Pacheco. *Espaço Cênico e Comicidade: A Busca de uma Definição Para a Linguagem do Ator (Grupo Tá na Rua — 1981)*. CLA/Unirio, 1998.
8. GÓES, Antônio Lauro de Oliveira. *A Criação Coletiva: Tá na Rua*. Dissertação de mestrado em Comunicação, Rio de Janeiro, UFRJ, 1983.
9. LEWINSOHN, Ana Caldas. *O Ator Brincante: No Contexto do Teatro de Rua e do Cavalo-Marinho*. Programa de Pós-Graduação em Artes. Campinas, Unicamp, 2009.
10. LUNA, Ive Novaes. *Música de Festa Para o Encontro com Ilo Krugli*. CEART/Udesc, 2007.

11. MATOSINHOS, Bruna Christófaro. *O Chão que o Ator Deve Pisar: Espaço Cênico e Cenografia no Romeu e Julieta do Grupo Galpão*. Bahia, PPGAC/UFBA, 2007.

12. MOREIRA, Jussara Trindade. *A Pedagogia Teatral do Grupo Tá na Rua*. Rio de Janeiro, CLA/Unirio, 2007.

13. PAIXÃO, Cleiton Daniel Alvaredo. *Política e Cultura na Década de 1970: O Trabalho do Grupo de Teatro Forja e do Teatro Popular União e Olho Vivo*. Programa de Pós-Graduação em Ciências Sociais da Faculdade de Filosofia e Ciências da Universidade Estadual Paulista, campus de Marília, 2009.

14. RODRIGUES, Cristiano Cezarino. *O Espaço do Jogo: Espaço Cênico, Teatro Contemporâneo*. Programa de Pós-Graduação em Arquitetura e Urbanismo. Minas Gerais, UFMG, 2008.

15. RODRIGUEZ NETO, Benedito Lima. *Abrigo Poético: Um Estudo Sobre o Teatro de Rua em Belém*. PPGAC/UFBA, 2004.

16. SCHWALB, Loren Fischer. *O Teatro de Rua em Lages: Reconstrução do Imaginário Cênico em Espaços Públicos: As Experiências do Grupo Gralha Azul (1970) e do Grupo de Teatro Menestrel Faze – dô (1990)*. CEART/Udesc, 2009.

17. SOUSA, Alexandre Ricardo Lobo de. *O Teatro no Centro Popular de Cultura da União Nacional dos Estudantes: O Povo, a Nação, o Imperialismo e a Revolução (1961-1964)*. Programa de Pós-Graduação em História. Rio Grande do Sul, Universidade Federal do Rio Grande do Sul, Instituto de Filosofia e Ciências Humanas, 2001.

18. SOUZA, Eliene Benício de. *Teatro de Rua: Uma Forma de Teatro Popular no Nordeste*. Dissertação de mestrado em Artes, Escola de Comunicação e Artes, São Paulo, Universidade de São Paulo, 1993.

19. TELLES, Narciso. *Teatro de Rua: Dos Grupos à Sala de Aula*. Tese de doutorado em Teatro, Rio de Janeiro, CLA/Unirio, 2007.

20. _____. *Por Uma Revolução Cênica: O Estudo da Linguagem de Teatro de Rua do Grupo Revolucena*. CLA/Unirio, 1999.

21. VECCHIO, Rafael Augusto. *Teatro Como Instrumento de Discussão Social: A Utopia em Ação do Ói Nóis Aqui Traveiz na Oficina Humaitá*. Programa de Pós-Graduação em Administração. Rio Grande do Sul, Universidade Federal do Rio Grande do Sul, 2006.

Livros

1. ALENCAR, Sandra. *Atuadores da Paixão*. Porto Alegre: Secretaria Municipal da Cultura/FUMPROARTE, 1997.

2. BRANDÃO, Carlos Antônio Leite. *Grupo Galpão: Diário de Montagem*. Belo Horizonte: UFMG, 2003.

os espaços simbólicos 81

3. BRITO, Rubens José Souza. *Teatro de Rua: Princípios, Elementos e Procedimentos*. São Paulo: Hucitec, 2007.

4. BRITTO, Beatriz. *Uma Tribo Nômade: A Ação do Ói Nóis Aqui Traveiz Como Espaço de Resistência*. Porto Alegre: Ed. Ói Nóis na Memória, 2008.

5. CARREIRA, André. *Teatro de Rua (Brasil e Argentina nos anos 1980): Uma Paixão no Asfalto*. São Paulo: Aderaldo & Rothschild, 2007.

6. CRISTIANO, Marcos. *Manual Básico para Teatro de Rua: Técnicas e Estratégias*. Salvador: Fundação Cultural do Estado da Bahia, 2005.

7. MAGRI, Ieda; ARTIGOS, João Carlos (orgs). *Teatro de Anônimo: Sentidos de uma Experiência*. Rio de Janeiro: Aeroplano, 2008.

8. MATE, Alexandre. *Burado d'Oráculo: Uma Trupe Paulistana de Jogadores Desfraldando Espetáculos Pelos Espaços Públicos da Cidade*. São Paulo: RWC, 2009.

9. MOREIRA, Romildo. *Teatro Popular: Um Jeito Cênico de Ser*. Recife: Fundação de Cultura da Cidade do Recife, 2000.

10. PEREIRA, Victor Hugo Adler; LIGIÈRO, Zeca; TELLES, Narciso (orgs.). *Teatro e Dança Como Experiência Comunitária*. Rio de Janeiro: EDURJ, 2009.

11. REIS, Carlos; REIS, Luís Augusto. *Luiz Mendonça: Teatro é Festa Para o Povo*. Recife: Fundação de Cultura da Cidade do Recife, 2005.

12. SANTOS, Valmir (org). *Aos Que Virão Depois de Nós – Kassandra in Process: O Desassombro da Utopia*. Porto Alegre: Tomo Editorial, 2005.

13. SANTOS, Valmir. *Riso em Cena: Dez Anos de Estrada dos Parlapatões*. São Paulo: Estampa, 2002.

14. SILVA, Nereu Afonso da. *As Graças*. São Paulo: Cooperativa Paulista de Teatro, 2008.

15. TELLES, Narciso. *Pedagogia do Teatro e o Teatro de Rua*. Porto Alegre: Ed. Mediação, 2008.

16. TELLES, Narciso; CARNEIRO, Ana (orgs.). *Teatro de Rua: Olhares e Perspectivas*. Rio de Janeiro: E-Papers, 2005.

17. TURLE, Licko; TRINDADE, Jussara (orgs.). *Tá na Rua: Teatro Sem Arquitetura, Dramaturgia Sem Literatura, Ator Sem Papel*. Rio de Janeiro: Instituto Tá na Rua, 2008.

18. VIEIRA, César. *Em Busca de um Teatro Popular*. 4. ed. Ministério da Cultura/Funarte, 2007.

19. _____. *João Cândido do Brasil: A Revolta da Chibata – Teatro Popular Uniao e Olho Vivo*. São Paulo: Ed. Casa Amarela, 2003.

Revistas

A Poética da Rua. Caderno do Centro de Pesquisa para o Teatro de Rua – Rubens Brito (Núcleo Pavanelli de Teatro de Rua e Circo).

A Rua. Revista da Rede Estadual de Teatro de Rua do Rio de Janeiro.

Arte e Resistência na Rua. Revista do Movimento de Teatro de Rua de São Paulo.

Cavalo Louco. Revista de Teatro da Tribo de Atuadores Ói Nóis Aqui Traveiz.

Metaxis. Revista do Teatro do Oprimido.

Oficinão. Caderno de Dramaturgia do Galpão Cine Horto.

Semear Asas. Revista do Instituto Pombas Urbanas.

Subtexto. Revista de Teatro do Galpão Cine Horto.

Tá na Rua. Revista do Instituto Tá na Rua.

Teatro de Rua em Movimento 1. Seminários e Debates. Tablado de Arruar.

Centros de Pesquisa Sobre Teatro de Rua

Centro de Experimentação e Pesquisa Cênica da Terreira da Tribo – Porto Alegre/RS.

Centro de Pesquisa e Memória do Teatro – Galpão Cine Horto – Belo Horizonte/MG.

Centro de Pesquisa para o Teatro de Rua Rubens Brito – São Paulo/SP.

Instituto Pombas Urbanas – São Paulo/SP.

Instituto Tá na Rua para as Artes, Educação e Cidadania – Rio de Janeiro/RJ.

Após um ano de verdadeira "campanha" para estimular a entrada de novos articuladores da RBTR em cursos de pós-graduação em suas regiões, a proposta foi novamente levada à diretoria da Abrace, dessa vez durante o seu VI Congresso, realizado na Unesp, em novembro de 2010. Durante esse longo período de "gestação", os articuladores-pesquisadores que estavam à frente da iniciativa tiveram algumas oportunidades de discuti-la com outros pesquisadores da Abrace e, diante de argumentos consistentes, na nova proposta o GT Teatro de Rua foi renomeado GT Artes Cênicas na Rua.

Essa estratégia permitia que pesquisadores de outras modalidades cênicas, além do teatro de rua propriamente dito, aderissem ao novo GT, assinando o texto oficial de solicitação. Uma vez aprovado, pesquisadores vinculados a outros GTS poderiam se transferir sem entraves, caso entendessem o espaço público como um fator comum a todos os interessados. Além disso, o novo GT poderia abarcar uma miríade de expressões cênicas cujos pesquisadores, da mesma forma que no teatro de rua, também não encontravam o "seu" espaço

os espaços simbólicos 83

de discussão, como o circo, as performances culturais etc. Desse modo, em um ano foi possível obter a adesão de um número além do mínimo necessário de sócios e atender às exigências da Abrace para a aprovação do pedido.

Coincidentemente, no mesmo período do VI Congresso da Abrace, estava acontecendo na capital paulista a 5ª Mostra de Teatro de Rua Lino Rojas, evento produzido pelo Movimento de Teatro de Rua de São Paulo (MTR/SP). Na ocasião, os articuladores-pesquisadores da RBTR que participavam do processo de criação do GT Artes Cênicas na Rua planejaram uma parceria com os organizadores da mostra e grupos convidados, a fim de criar dentro daquele evento acadêmico um espaço para a modalidade "rua".

Foi a primeira vez que o teatro de rua "invadiu" a Abrace por meio de espetáculos teatrais dos grupos que se encontravam em São Paulo. Destacaram-se, nesse contexto, os coletivos pertencentes ao Movimento de Teatro Popular de Pernambuco (MTP/PE)[3], homenageado da mostra. Um dos principais incentivadores da proposta do novo GT, Alexandre Mate, intermediou os contatos entre a Abrace e o Movimento de Teatro de Rua de São Paulo, proporcionando o apoio necessário para que alguns dos coletivos de rua que estavam na cidade pudessem se apresentar no pátio da universidade sede, como forma de divulgar o teatro de rua e fortalecer a proposta de criação do GT Artes Cênicas na Rua junto aos associados da Abrace.

Quando, no último dia do congresso – momento em que ocorre a assembleia geral – foi apresentada a proposta de criação do GT Artes Cênicas na Rua, grande parte dos presentes já tinha algum conhecimento do assunto em função da intensa divulgação realizada pelos articuladores-pesquisadores, e viram-no como um processo a ser resolvido sem maiores problemas. Dentre cerca de três centenas de sócios efetivos, apenas uma voz levantou um questionamento, trazendo a dúvida de que o GT proposto cumprisse minimamente as exigências do regimento da Abrace, sobretudo no que dizia respeito ao número de pesquisadores com a titulação de doutor. Vale lembrar, nessa hora, do apoio decisivo de Armindo Bião, então professor adjunto da Universidade Federal da Bahia e coordenador do GT Etnocenologia, que reverteu o súbito

3. Foram apresentados no pátio da Unesp os espetáculos: *Quem Ensinou o Diabo a Amassar o Pão?* – Grupo de Teatro Popular Vem Cá Vem Vê (MTP/PE), *Éta Vida* – Teamu & Companhia (MTP/PE) e *A Herança de Nós Todos* – Grupo Arteiros (MTP/PE).

quadro de incerteza que se instalou. Sua defesa consistiu no apoio da iniciativa de criação do GT Artes Cênicas na Rua como forma de resistência aos excessos burocráticos que, segundo ele, não estavam de acordo com as finalidades precípuas da própria Abrace e tendiam a somente "emperrar" as iniciativas trazidas pelos novos pesquisadores. A ele devemos nossa gratidão *in memorian*, pois, diante de sua firme argumentação, as dúvidas se dissiparam e, nesse dia, o GT foi aprovado por unanimidade pela assembleia de pesquisadores da Abrace.

Ao presidente da Abrace
Associação Brasileira de Pesquisa e Pós-Graduação em Artes Cênicas
Prof. Dr. Luiz Fernando Ramos

Caro professor,

Vimos solicitar a Vossa Senhoria pauta para o encaminhamento e a deliberação na Assembleia Geral Ordinária dos sócios da Abrace, que ocorre hoje, dia 12 de novembro de 2010, no encerramento do VI Congresso desta associação, no Instituto de Artes da Unesp – Universidade Estadual Paulista Júlio de Mesquita Filho, da nossa proposta de criação do Grupo de Trabalho Artes Cênicas na Rua. Conforme orientação definida e aprovada na V Reunião Científica, realizada em novembro de 2009, na USP – Universidade de São Paulo – foi criado o Grupo de Estudos de Teatro de Rua, com o objetivo de viabilizar a organização do futuro grupo de trabalho. Durante este período, foram realizadas as seguintes ações:

- Manutenção do grupo virtual de discussão[4].
- Participação de pesquisadores em seminários, mesas-redondas e debates em diversos eventos dessa modalidade em todo o país, tais como: Mostra de Teatro de Rua no Fórum Mundial Social (Canoas/RS); Encontro da RBTR (Canoas/RS); Encontro Para a Reflexão do Teatro de Rua do Nordeste (João Pessoa/PB), Festival de Teatro da Amazônia (Manaus/AM), Mostra de Teatro de Rua de Jaraguá–Uçu (GO); Seminário de Teatro de Rua no Amazônia EnCena na Rua (Porto Velho/RO); Festival de Esquetes do Barbante – Off da Fita (Angra dos Reis/RJ); V Mostra de Teatro de Rua Lino Rojas (São Paulo/SP).
- Participação em comissões de premiação em eventos teatrais.

4. Disponível em: <nucleod epesquisadoresdeteatro derua@yahoogrupos.com. br>.

os espaços simbólicos

- Inserção de pesquisadores da RBTR como discentes de programas de pós-graduação em Artes Cênicas de várias universidades do país (Unesp, Unirio, UFPA).
- Publicação coletiva da revista *Arte e Resistência na Rua*, organização do Movimento de Teatro de Rua de São Paulo (MTR/SP), com dois números publicados em 2010.
- Criação de um curso de extensão na Unesp abordando o teatro de rua, coordenado pelo Prof. Dr. Alexandre Mate, membro do Núcleo de Pesquisadores de Teatro de Rua.
- Encontros, palestras e debates com integrantes do Núcleo Paulistano de Teatro de Rua – SP, em diversas ocasiões de 2010.
- Fórum da V Mostra de Teatro de Rua Lino Rojas em São Paulo/SP.
- Publicações de grupos teatrais de rua: revistas, fanzines, cadernos.
- Publicação do livro *Teatro de Rua no Brasil: A Primeira Década do Terceiro Milênio*, por Licko Turle e Jussara Trindade, proponentes do Grupo de Estudos de Teatro de Rua da Abrace.
- Outorga do título de doutor *honoris causa* a Idibal Pivetta (César Vieira), fundador e diretor do Grupo de Teatro Popular União e Olho Vivo (TUOV), de São Paulo/SP.

Dentre as mais recentes conquistas do teatro de rua no país, destacam-se também:

- A criação da disciplina Teatro de Rua na UFPA, pela Profa. Dra. Wlad Lima.
- Criação de pós-graduação em Artes na UFU (MG), que inclui uma linha de pesquisa em teatro de rua (Prof. Dr. Narciso Telles).
- Permanência da disciplina Teatro de Rua na UFSC, ministrada até recentemente pelo Prof. Me. Toni Edson, integrante do Núcleo de Pesquisadores de Teatro de Rua (atualmente pela Profa. Janaína Martins).
- Inserção da Unidade Programática Teatro de Rua no curso de pós-graduação em Teatro-Dança (*lato sensu*) da Faculdade Angel Vianna, em Juiz de Fora/MG, pelo Prof. Me. Licko Turle, do NPTR.
- Participação como mediadora em mesa-redonda sobre teatro de rua na UFPR, dentro da programação do Festival de Teatro de Curitiba, sob a coordenação da Profa. Me. Ana Rosa Tezza, do NPTR.

Vários pesquisadores das artes cênicas realizadas na rua já se encontram, hoje, inseridos na vida acadêmica; a criação de um grupo de trabalho na Abrace com essa temática representa, portanto, a legitimação de uma prática que já vem sendo realizada, conforme as informações aqui apresentadas. Enfim, é possível identificar, nas últimas décadas, um crescimento expressivo dessa atividade teatral em nosso país. A cada dia, multiplicam-se os grupos, companhias e artistas solo que, com suas propostas, éticas e estéticas, buscam ganhar as ruas de todas as maneiras, das mais tradicionais às mais inusitadas. Contudo, algumas das expressões teatrais realizadas em espaços abertos não recebem, ainda, um tratamento teórico-conceitual mais aprofundado por parte de seus praticantes. Corrigir essa distorção torna-se, portanto, uma tarefa urgente. Buscando um equilíbrio entre o fazer e o refletir, as diversas modalidades cênicas da rua poderão reivindicar o seu justo espaço na comunidade acadêmica como campo legítimo de conhecimento, capaz não somente de investigar as suas próprias questões, mas também de contribuir com o seu saber para o desenvolvimento do teatro brasileiro. Por isso, propomos à Abrace a criação do GT Artes Cênicas na Rua, denominação a qual, acreditamos, contempla a diversidade das modalidades teatrais realizadas em espaços exteriores ao edifício teatral.

São Paulo, 12 de novembro de 2010

Uma vez constituído formalmente, o GT Arte Cênicas na Rua passou a constar dentre os outros GTS a partir da VI Reunião Científica da Abrace (2011), sendo divulgado no portal eletrônico da Abrace (<www.portalabrace.org>) com a seguinte ementa:

GT *Artes Cênicas na Rua*

O GT Artes Cênicas na Rua (ACR) tem como perspectiva abordar as artes cênicas (teatro, circo, dança, ópera e performances) realizadas em espaços abertos e externos ao edifício teatral e/ou aos locais fechados, que não utilizem de procedimentos e regras firmemente estabelecidas de seleção e exclusão na convocação do público, onde estes não sejam escolhidos por critérios de classe, culturais, linguísticos e geográficos. O GT abarca três grandes campos de ação:

a. Memória – releitura e inserção da participação das ACR na história do teatro.
b. Estética – investigação de procedimentos técnico-artísticos utilizados nas ACR e suas possíveis interferências no espaço urbano.

os espaços simbólicos

c. Reflexão teórica – estudo das teorias teatrais à luz das ACR e seus diálogos com a história, as chamadas ciências auxiliares (Sociologia, Antropologia, Arquitetura etc.) cujas preocupações centrem-se nas relações entre o homem e a cidade.

Áreas de interesse do GT:

- ACR e história.
- ACR e processos de formação.
- ACR e modos de produção.
- ACR e política.
- ACR e comunidade.
- ACR e crítica.
- ACR e as outras linguagens artísticas.

O GT tem como principais objetivos:

- Facilitar e incentivar à comunidade em geral o acesso às informações e pesquisas sistematizadas nestas áreas por meio do compartilhamento de dados via encontros presenciais, publicações, internet e outros suportes (impressos e magnéticos).
- Estimular nos trabalhadores artistas atividades de registro e produção documental de suas práticas.
- Identificar e publicar arquivos, acervos, coleções e entrevistas dos trabalhadores das ACR.
- Publicar, em meio digital e impresso, revistas e boletins com artigos pertinentes ao grupo de trabalho.
- Fazer o levantamento (mapa) das ACR no Brasil, por intermédio de coletas de dados com pesquisadores, artistas e espectadores.
- Participar de congressos, reuniões e eventos científicos.

Cabe dizer que, no momento da aprovação do GT Artes Cênicas na Rua, todos os seus integrantes ativos eram também articuladores da RBTR[5]. Porém, logo o GT ganhou repercussão dentro da Abrace e despertou interesse no meio acadêmico, sobretudo por parte de pesquisadores da dança e da performance, de modo que o número de membros foi aumentando gradual e constantemente. Nos eventos da Abrace realizados nos anos seguintes, o GT Artes Cênicas na Rua contou com os seguintes pesquisadores:

5. Adailtom Alves, Alexandre Mate, Jussara Trindade, Licko Turle, Márcio Silveira e Renata Lemes.

VI **Reunião Científica**
Universidade Federal do Rio Grande do Sul (2011)
Coordenador: Alexandre Mate (Unesp)
Vice-coordenador: Licko Turle (Unirio)

PESQUISADORES	COMUNICAÇÃO ORAL
▷ ARAUJO, Alexandre Falcão – mestrando Unesp	A ação política no teatro de rua de dois coletivos artísticos do extremo leste da cidade de São Paulo.
FORNACIARI, Christina Gontijo – doutoranda UFBA	A cidade em transe, corpo em trânsito: corpomídia e corpo sem órgãos em *performafunk*.
▷ JÁCOME, Cecília Lauritzen – mestranda UFRGS	O treinamento do ator na perspectiva do teatro de rua.
▷ LEMES, Renata K.S. – mestranda Unicamp	Narrativas micropolíticas.
▷ MATE, Alexandre – professor adjunto Unesp	A questão da acessibilidade no teatro de rua e a transformação de um lugar indistinto, como a artéria pública, em espaço de trocas de experiências simbólicas.
PAULINO, Rogério Lopes da S. & MUNIZ, Mariana Lima – pós-doutorando e professora adjunta UFMG	Por que vocês cobrem o rosto? Apontamentos iniciais sobre um processo de pesquisa e criação cênica num bairro antigo.
▷ SANTOS, Márcio Silveira – pesquisador mestre (independente)	Teatro de Rua Banzeirando: longa jornada adentro pelos rios da Amazônia.
▷ TRINDADE, Jussara – doutoranda Unirio	A musicalidade e a crítica teatral.
▷ TURLE, Licko – doutorando Unirio	Arte pública: a intervenção do Festival de Teatro de Rua de Porto Alegre no parque Brique da Redenção.

Obs.: os nomes com ▷ se referem a articuladores da RBTR.

VII **Congresso**
Universidade Federal do Rio Grande do Sul (2012)
Coordenador: Licko Turle (Unirio)
Vice-coordenadora: Jussara Trindade (pesquisadora independente)

PESQUISADORES	COMUNICAÇÃO ORAL
ALMEIDA JÚNIOR, Francisco de Assis – professor mestre UFRGS	A busca do invisível na atuação em teatro de rua.
▷ ALMEIDA, Raquel Franco – mestranda UFRN	Abre a roda minha gente: considerações acerca da relação espaço urbano-palhaça brincante-público.

os espaços simbólicos

▷ ARAÚJO, Alexandre Falcão de – mestrando Unesp	Culturas populares e suas relações com o teatro político de rua: breve panorama teórico e apontamentos de uma práxis contemporânea.
BAFFI, Diego Elias – professor adjunto Unespar	Escrita em arte e intervenção urbana: pensando a grafia da ação cênica no espaço urbano.
BENZA, Rodrigo – mestrando Udesc	Explorando temas na oficina de teatro intercultural: identidade, interculturalidade e discriminação.
BONILLA, María Fernanda Sarmiento – mestranda UFBA	A qualidade subversiva da relação da atriz e do ator com a plateia no teatro de rua.
CHIARI, Gabriela Serpa – mestranda Unirio	Laboratório Madalena: inovação pedagógica para o gênero feminino.
▷ CONCEIÇÃO, Osvanilton de Jesus – doutorando UFBA	Jongo e jogo: para uma metodologia de atuação no teatro de rua.
GASPERI, Marcelo Rocco – professor assistente UFMG e UFSJ	A estetização do cotidiano: a rua como lócus privilegiado do fazer teatral.
JÁCOME, Cecília Lauritzen – mestranda UFRGS	Um teatro em busca de si mesmo.
MARTINS, José Batista (Zebba) Dal Farra – professor adjunto ECA/USP	Notas sobre escuta, ressonância, memória e vocalidade poética.
SANCTUM, Flavio – doutorando Unirio	Pensamento sensível e pensamento simbólico – uma concepção boalina da arte.
SANTOS, Ivanildo Lubarino Piccoli dos – professor assistente Ufal	Arlecchino e Mateus, duas máscaras cômicas demoníacas.
▷ SANTOS, Márcio Silveira dos – pesquisador mestre (independente)	Dramaturgia para teatro de rua: reflexões acerca do processo dramatúrgico da peça O Bom Quixote – Delírio Urbano.
▷ SANTOS, Toni Edson Costa – doutorando UFBA	Migrante Carcará: um exercício acadêmico de intervenção urbana.
SILVEIRA, Aressa Egly Rios da – doutoranda Unirio	A Festa de Reis no Brasil, Peru e Colômbia: miscigenação racial, resistência cultural e restauração do comportamento – uma performance cultural.
SOARES, Taína Assis – mestranda UFBA	O teatro fórum com trabalhadores da indústria: aplicação das técnicas da poética do oprimido a partir de memórias corporais para elaboração de uma "performance corporal", no espetáculo Revolução na América do Sul.
▷ TRINDADE, Jussara – pesquisadora doutora (independente)	O teatro de rua e a praça.
▷ TURLE, Licko – professor bolsista pós-doc Capes/Faperj/Unirio.	O teatro de rua e a arte pública: uma possível apropriação de conceito.
UGLIARA, Milene Valentir – mestranda Unesp	Coletivo mapa xilográfico: intervenções na metrópole paulistana.

Obs.: os nomes com ▷ se referem a articuladores da RBTR.

VII **Reunião Científica**
Universidade Federal de Minas Gerais (2013)
Coordenador: Licko Turle (Unirio)
Vice-coordenadora: Jussara Trindade (pesquisadora independente)

PESQUISADORES	COMUNICAÇÃO ORAL
▷ ARAÚJO, Alexandre Falcão de – mestrando Unesp	O contrário do Menino Diamante: análise de uma saga contada pelo coletivo Dolores.
CHIARI, Gabriela – mestranda Unirio	Laboratório Madalena: inovação pedagógica para o gênero feminino.
▷ CONCEIÇÃO, Osvanilton de Jesus – doutorando UFBA	Corpo cruzado: o ator em jogo no teatro de rua.
GASPERI, Marcelo Rocco – professor assistente UFMG e UFJS	Diálogos transeuntes: intervenções artísticas como interrupções do cotidiano.
▷ GUIMARÃES, Mirtthya Mark Lucena – mestranda UFRN	A expressividade caóptica.
MARTINS, José Batista (Zebba) Dal Farra – professor adjunto ECA/USP	Ensaio das rodas silenciosas.
SANCTUM, Flavio – doutorando Unirio	O Sistema Coringa do Arena e O Curinga do Teatro do Oprimido.
SANTOS, Ivanildo Lubarino Piccoli dos – professor assistente Ufal	Charlatões, atores profissionais e os palhaços de circo: um percurso dos artistas e máscaras do teatro de rua.
▷ SANTOS, Márcio Silveira dos – pesquisador mestre (independente)	Grupo Teatral Manjericão – 15 anos de estrada: circulação pelo Centro-Oeste e Nordeste.
▷ SANTOS, Toni Edson Costa – doutorando UFBA	Ziri-ziri: uma sessão de histórias africanas na rua.
▷ TRINDADE, Jussara – pesquisadora doutora (independente)	Teatro de rua e dramaturgia.
▷ TURLE, Licko – pesquisador pós-doc Capes/ Faperj/Unirio	Vítima ou oprimido? A construção da personagem-protagonista nos modelos de teatro-fórum apresentados no I Festival de Teatro do Oprimido da Colômbia, em julho de 2013.

Obs.: os nomes com ▷ se referem a articuladores da RBTR.

os espaços simbólicos   91

VIII Congresso
Universidade Federal de Minas Gerais (2014)
Coordenador: Licko Turle (Unirio)
Vice-coordenador: Ivanildo Picolli (Ufal)

PESQUISADORES	COMUNICAÇÃO ORAL
▷ ARAÚJO, Alexandre Falcão de – mestrando Unesp	O teatro da Cohab do Coletivo Alma: uma experiência de quebra de muitas paredes.
CAMPOS, Cecília Lauritzen Jácome – doutoranda Udesc	Experiências performáticas do espectador na cidade.
▷ CONCEIÇÃO, Osvanilton de Jesus – doutorando UFBA	O jogo entre volteios: a utilização do Jongo e do Mergulhão do Cavalo-Marinho como modo de treinamento corporal para uma atuação no teatro de rua.
FEITOSA, Renata – mestranda Unirio	Teatro no Colégio Estadual Aura Barreto.
GASPERI, Marcelo Rocco – professor assistente UFSJ	Os discursos da cidade: jogos de exclusão e de enfrentamento.
GASPERIN, Luiz Eduardo Rodrigues – professor substituto UFGD; mestrando UFU	Condução e processo criativo: estudo sobre o trabalho cênico, contos para flores roxas e murchas.
GOMES, Daniela Rosante – professora assistente UFTO	Três montagens: criação, encenação e teatro na rua e espaços alternativos.
▷ GUIMARÃES, Mirtthya Mark Lucena – mestranda UFRN	Do treinamento à expressividade caóptica.
LOPES, Geraldo Britto – mestrando UFF	Teatro do Oprimido e Teatro Épico, relações fraternas e conflituosas.
MARTINS, José Batista (Zebba) Dal Farra – professor adjunto ECA/USP	Encontro com Amir Haddad.
MONTEIRO, Cássia Maria F. – professora assistente UFRJ; doutoranda Unirio	Os PLAYgounds de Hélio Oiticica: *Subterranean Tropicalia Project* e as *Magic Squares*.
MORAIS, Líria de Araújo – doutoranda UFBA	O corpo lugar em composição: *Chão Adentro* – um relato de experiência artística no Festival Pedras D'Água 2014.
NININ, Roberta – professora assistente UFGD	Jorge Andrade na rua.
PÉREZ, Claudia Edith – mestranda UFRGS	A cidade como cenário corporizado.

RIOS, Diogo Sérvulo da Cunha Vieira – mestrando Unesp	Intervenções urbanas: fissuras na cidade espetáculo.
SANTOS, Ivanildo Lubarino Picolli dos – professor assistente Ufal; doutorando Unesp	*Cenas Clownssicas*: uma experiência cômica da Ufal.
▷ SANTOS, Márcio Silveira dos – pesquisador mestre (independente)	Um olhar sobre a dramaturgia porosa do teatro de rua.
SANTOS, Toni Edson Costa – professor de Ensino Básico, Técnico e Tecnológico da Ufal	História ao pé da rua: uma performance da oralidade feminina na rua.
SANCTUM, Flavio – doutorando Unirio	As influências do Louco do Tarô no Curinga de Augusto Boal
SILVA, Ana Cristina Ribeiro	Dança de rua: do ser competitivo ao artista da cena.
▷ TEIXEIRA, Adailtom Alves – pesquisador mestre (independente)	Teatro de rua e território: entrelaçamentos.
▷ TRINDADE, Jussara – pesquisadora pós-doc CNPq/ Unirio	As performances afro-ameríndias na escola: uma experiência com professores de artes cênicas da rede pública de ensino do Rio de Janeiro.
▷ TURLE, Licko – pesquisador pós-doc Capes/Faperj/ Unirio	CNTPS: as Condições Naturais de Temperatura e Pressão das artes cênicas na rua.
VANNUCCI, Alessandra – professora adjunta PUC-Rio	Estética e política: novas estratégias de militância na ação artística em espaços públicos.

Obs.: os nomes com ▷ se referem a articuladores da RBTR.

7 Universidade: Um Território Conquistado?

A pós dois anos de intensa mobilização e o ingresso de artistas de rua em diversos cursos de pós-graduação do país, foi aprovado, em 2010, o GT Artes Cênicas na Rua dentro da estrutura organizacional da Abrace. Como consequência, o número de estudos e trabalhos acadêmicos sobre a modalidade cresceu de modo significativo, mostrando que o campo de investigação abarcado pelo teatro de rua exerce hoje um grande atrativo, sobretudo para os novos pesquisadores. Essas conquistas positivas apresentam, contudo, outros aspectos que exigem cada vez mais a atenção dos teatristas de rua.

A despeito do otimismo que o panorama do teatro de rua na atualidade possa suscitar, definitivamente não se pode responder à pergunta inicial com uma simples afirmação. Com anos de convívio no ambiente acadêmico, temos observado situações reveladoras das tensões que permeiam este campo de estudos, e também os conflitos enfrentados pela maioria dos mestrandos e doutorandos oriundos do teatro de rua, quando aprovados, por exemplo, num programa de pós-graduação.

Vejamos: as "grandes áreas" do teatro – Teoria Teatral, Cenografia, Direção, Interpretação, Licenciatura (que são, atualmente, desenvolvidas nas

1. Cf. A. Carreira, Formação do Ator e Teatro de Grupo, em R.B. de Aquino; S.D. Maluf (orgs.), *Dramaturgia em Cena*.

2. Um exemplo bastante recente é o do edital n. 26/2015, da Universidade Estadual de Maringá (UEM), que divulga as instruções para a realização de Concurso Público de Provas e Títulos para o cargo de professor auxiliar, assistente e adjunto em Artes Cênicas. O Anexo I do edital estabelece que a prova prática "compreenderá a execução de uma cena de no máximo 10 (dez) minutos de um fragmento de um texto escolhido pelo candidato dentre a lista relacionada a seguir, podendo fazer uso de réplica (outro ator/atriz que será de responsabilidade do candidato)". Lista de textos: *Édipo Rei* – Sófocles; *A Tempestade* – Shakespeare; *A Cantora Careca* – Ionesco; *A Exceção e a Regra* – B. Brecht; *Vestido de Noiva* – Nelson Rodrigues; *A Casa de Bernarda Alba* – Federico García Lorca; *O Noviço* – Martins Pena; *Quando as Máquinas Param* – Plínio Marcos. Dessa forma, o documento demonstra claramente a concepção de ensino de teatro que rege o referido edital, ao estabelecer como prova não um instrumento de avaliação centrada nas competências pedagógicas dos candidatos (embora o certame esteja dirigido para a função docente),

universidades brasileiras em departamentos específicos, talvez sob outras denominações conforme a instituição) – foram criadas para atender às necessidades do teatro de sala, não às da rua; a prova mais óbvia desse fato é que, não raro, a estrutura física dessas instituições é inadequada para outras modalidades que também se desenvolvem em espaços abertos. A performance seria, aqui, apenas um exemplo emblemático. Além disso, as propostas metodológicas predominantes nesses espaços de aprendizagem privilegiam ainda o realismo/naturalismo do palco italiano, em detrimento do ensino de elementos e procedimentos cênicos adequados a outros espaços teatrais, como já apontava Carreira[1].

De modo similar, as bibliografias propostas e estudadas durante os cursos de formação e pós-graduação raramente incluem títulos sobre as temáticas inerentes à modalidade teatral de rua, ainda que já exista, hoje, uma produção bibliográfica considerável, construída pelos próprios fazedores de rua. Esta, entretanto, permanece ausente nas bibliografias dos cursos e dos concursos oficiais de teatro[2].

Numa espécie de aproximação "por oposição" ao espaço fechado, os novos rueiros pesquisadores se veem obrigados a adotar como obras de referência estudos sobre modalidades já consagradas academicamente, como a *Commedia dell'Arte*, a performance, o teatro moderno, contemporâneo, pós-dramático, experimental, alternativo, de invasão, de intervenção urbana e outros mais recentes, em que o termo "de rua" dá lugar ao "na cidade". Embora de maneira sutil, este último estabelece uma mudança significativa de olhar sobre a cena que se realiza nos espaços abertos e introduz no universo do teatro de rua uma necessidade antes impensável: a de determinar, em termos arquiteturais, geográficos e sociológicos, o seu espaço de atuação.

Porém, é preciso lembrar que, a rigor, a necessidade de estudar sistematicamente *a cidade* – enquanto conceito

os espaços simbólicos 95

cênico – não nasce do teatro de rua em si, mas do imperativo acadêmico de se formular um escopo teórico para um teatro "de rua" que não se enquadra em definições anteriores, as quais concebiam o teatro de rua como essencialmente popular. Nessa perspectiva, a "cidade" é um constructo teórico que apenas muito recentemente tem aparecido no horizonte daqueles teatristas que vêm investigando o seu próprio objeto de trabalho, notadamente depois que a modalidade alcançou certa visibilidade no meio acadêmico.

É digno de nota que, nos espaços oficiais de discussão, como encontros, seminários, congressos e outros, onde se investiga a *cidade* como objeto de estudos teatrais, os fazedores-pesquisadores do teatro de rua raramente participam; e, quando o fazem, é como *ouvintes*. Jamais, porém, como *especialistas* (em mesas redondas ou como conferencistas), revelando que tal discussão teórica interessa diretamente a um setor teatral específico, que adota a cidade como o "palco" da atualidade. Assim, é preciso ter claro que a discussão da *cidade* como objeto de estudos teatrais está, atualmente, no centro de uma disputa ideológica e de mercado, além de estritamente conceitual.

Logo, quando um teatrista de rua ingressa num programa de pós--graduação, muitas vezes enfrenta – antes de qualquer outro – o desafio de manter o tema da pesquisa que se propôs desenvolver, tendo de defendê-lo antes mesmo da "defesa" propriamente dita! Num contexto em que dificilmente encontram-se docentes oriundos do meio teatral de rua como efetivos dos quadros profissionais das universidades, manter o teatro de rua como foco torna-se um desafio para ambos – estudante e orientador –, pois nem sempre este último está apto a analisar adequadamente as discussões trazidas no processo de pesquisa, uma vez que, frequentemente, não domina um campo de estudos que é ainda incipiente e carente de fontes consistentes de pesquisa.

Defender a relevância do teatro de rua como tema de estudos acadêmicos (ou mesmo o uso do termo no título de um trabalho acadêmico) acaba representando, via de regra, mais uma atitude política afirmativa do que apenas a indicação de uma especificidade conceitual/estética. Essas situações criam para o pesquisador "de rua" impasses que somente a criação de novos espaços dentro da estrutura organizacional e curricular dos cursos de graduação e

mas nas habilidades específicas de candidatos vistos prioritariamente como atores/atrizes vinculados à tradição textocéntrica e às convenções do teatro de palco à italiana.

pós-graduação poderá solucionar a médio e longo prazo, ao propiciar canais de abertura efetivos para se discutir apropriadamente o teatro de rua em âmbito acadêmico.

O próximo desafio que se descortina parece ser, portanto, o ingresso de teatristas de rua como docentes efetivos em instituições de ensino superior, para, através de ações concretas e sistemáticas, realizadas com recursos e verbas públicas, levar a universidade a compreender o teatro de rua não como mera "técnica" – desejável apenas para instrumentalizar a direção, a atuação ou a dramaturgia de um espetáculo a ser apresentado na cidade –, mas enquanto área específica de conhecimento a se desenvolver por meio de disciplinas, linhas de pesquisa, oficinas, cursos e projetos de extensão, coordenados e ministrados, por sua vez, por docentes especialistas em teatro de rua. Tendo em vista essa grande meta, a RBTR passou a incluir permanentemente dentre as suas prioridades, desde o seu VII Encontro, realizado em Canoas/RS (maio de 2010), a defesa das seguintes ações em nível nacional:

a. A inclusão nos currículos das instituições públicas de ensino de teatro, de nível técnico e superior, das disciplinas voltadas especificamente para a cultura popular brasileira, o teatro de rua e o teatro da América Latina.

b. O financiamento de publicações e estudos específicos sobre o teatro de rua e a cultura popular, como meio de registro, valorização e respeito às suas formas e saberes, assim como sua ampla distribuição.

Felizmente, já se verificam conquistas significativas no âmbito de algumas instituições oficiais de ensino do teatro. Algumas destas encontram-se, por exemplo, na experiência docente de Toni Edson, articulador da RBTR que, já em 2004, lecionava teatro na Universidade Estadual de Santa Catarina (Udesc). O ator relata[3] que, estimulado pelos estudos e práticas sobre o teatro de rua então desenvolvidos dentro das disciplinas e grupos de pesquisa conduzidos por André Carreira – pesquisador de teatro de rua brasileiro aqui mencionado –, orientou, como parte das disciplinas Montagem I e II, espetáculos teatrais em espaços abertos em distintos bairros de Florianópolis. Mais tarde, em 2008, foi criado, na Universidade Federal de Santa Catarina (UFSC), o curso de

3. Em entrevista gentilmente concedida a Jussara Trindade, em abril de 2015.

os espaços simbólicos   97

Bacharelado em Teatro, o qual incluía em seu currículo a disciplina Carnavalização e Teatro de Rua. Inicialmente sob a responsabilidade de Janaína Trassel Martins, foi assumida integralmente por Edson, no ano seguinte, e se manteve no currículo do curso inclusive depois do término das atividades do ator como professor substituto.

Outra importante experiência é a da atriz Wanesca Pimentel, integrante do Grupo de Teatro de Rua Joana Gajuru, de Maceió/AL, que, como professora substituta na Universidade Federal de Alagoas (Ufal), coordenara práticas e montagens teatrais voltadas para a modalidade. Segundo Edson, quando recentemente o curso de Licenciatura em Teatro foi reformulado, o corpo docente da instituição manteve as atividades cênicas em espaços abertos como parte da nova estrutura curricular em função da motivação dos estudantes para participar de disciplinas e montagens de rua.

Com isso, o curso, hoje, apresenta em seu currículo a disciplina Performance e Teatro de Rua, no momento ministrada por Ivanildo Picolli, pesquisador da *Commedia dell'Arte* e também atual vice-coordenador do GT Artes Cênicas na Rua, da Abrace. Além dessa, a licenciatura passou a oferecer ainda a disciplina eletiva Narrativas na Rua, a qual foi proposta e é ministrada por Toni Edson, desde 2013, quando o ator passou a integrar o quadro de professores efetivos da universidade.

Consideramos fundamental, aqui, ressaltar a importância do mais recente concurso público realizado no âmbito da Escola Técnica de Artes – ETA/Ufal (que possibilitou a esse articulador da RBTR retornar à sua região de origem como docente do curso técnico em Arte Dramática[4]) como uma das mais significativas conquistas do teatro de rua brasileiro, no que se refere à ocupação de espaços dentro do sistema acadêmico. Diferentemente de outras situações, em que a modalidade foi (ou é) oferecida nas instituições oficiais de ensino do teatro enquanto atividade prática aplicada "dentro" de uma disciplina (Interpretação ou Direção, por exemplo), no concurso apresentado pelo edital n. 44/2013 da ETA/Ufal, Teatro de Rua figurou ao lado de Jogo Cênico e Improvisação Teatral, Exercício Cênico: Interpretação I, II, III e IV e Estágio: Laboratório de Montagem Cênica I e II, como disciplina autônoma.

4. Tanto a licenciatura quanto o curso técnico são ligados ao Instituto de Ciências Humanas, Comunicação e Artes – ICHCA/Ufal. A Escola Técnica de Artes faz parte da rede de escolas técnicas do Brasil e dispõe de recursos próprios, mas é pedagogicamente vinculada à Ufal.

Embora ainda raro no panorama geral do ensino de teatro no país, é um exemplo revelador de uma mudança em curso. Ou seja, de uma concepção restritiva sobre o teatro de rua enquanto mera "técnica" para o desenvolvimento de certas competências cênicas consideradas importantes e/ou interessantes para a atuação na rua (capacidade de improviso, relação com o espaço e o público da rua, projeção vocal etc.), o teatro de rua começa a ser visto como modalidade cênica que possui qualidades e necessidades específicas e, portanto, merecedora de atenção diferenciada, tal como outras disciplinas e áreas de conhecimento já consagradas no meio acadêmico.

Além da liberdade para trabalhar nas ruas e do conhecimento sobre o "manejo" de técnicas específicas, essa parte representativa dos artistas brasileiros necessita de ações educativas, dirigidas e adequadas às suas concepções de arte e de vida, através das quais possa encontrar seu próprio espaço no universo acadêmico, ainda excessivamente condicionado por formas estéticas alheias à realidade das ruas.

Contudo, o diálogo entre a rua e a universidade nem sempre é fácil. Buscar uma formação para o teatrista de rua representa empreender grandes esforços para harmonizar diferentes ritmos/ velocidades, pois se, por um lado, há o tempo *prestíssimo* da urgência de uma formação específica para o ator de rua, há, por outro, o tempo *largo* da estrutura burocrática institucional. Não se trata de apenas acrescentar novos conteúdos aos já existentes, mas, principalmente, de inserir discussões sobre outro referencial estético-pedagógico, que implica abordar temáticas específicas da vida das ruas e adotar como referência estudos realizados pelos próprios fazedores-pesquisadores, além de inserir procedimentos pouco ortodoxos ainda estranhos à educação formal. Por exemplo: estudar princípios e práticas artístico-pedagógicas não formais e informais; considerar relações de gênero; conhecimento de artes e saberes populares; relações entre arte, cultura e religiosidade; as lutas dos movimentos sociais; enfim, considerar como básico um conhecimento que recebe, ainda hoje, nos documentos educacionais oficiais, denominações sugestivas de uma situação periférica, como "atividade extraclasse", "formação complementar", "enriquecimento curricular", "disciplina optativa" etc. Tudo isso a partir da reorganização de tempos e espaços escolares que, via de regra, são inadequados à realidade das artes públicas.

os espaços simbólicos 99

Nessa perspectiva, a inclusão do teatro de rua nos espaços acadêmicos – sejam estes de nível técnico, superior ou de pós-graduação – traz consigo uma desafiadora exigência: a de se pensar em modos pedagógicos de trabalho, menos lineares e mais em rede, em que relações inter e transdisciplinares possam representar linhas de fuga para além dos modos usuais de pensamento sobre o teatro. Por isso, as conquistas acadêmicas aqui brevemente relatadas representam apenas os passos iniciais de um longo processo que se encontra ainda em seus primórdios.

PARTE II

Os Espaços da Cidade:

o teatro de rua
como arte pública

1 Primórdios: A Experiência da Sede Pública

Como fenômeno artístico que acontece em espaços geográficos atravessados por inúmeras variáveis, o teatro de rua tem como pressuposto a ideia de instalar-se temporariamente no espaço público no instante exato da encenação. Essa situação singular faz desses momentos privilegiados o próprio cerne do trabalho, uma vez que apenas neles se dão as condições reais da representação teatral na rua. Isso significa que qualquer tipo de ensaio prévio feito dentro de uma sala estará sempre, obrigatoriamente, muito distante da realidade que um grupo encontrará fora dela.

Desde que, há alguns anos, apareceu no horizonte do teatro de rua a necessidade de refletir sobre a rua como espaço cênico, os fazedores teatrais vêm se conscientizando cada vez mais das particularidades da modalidade cênica que abraçaram e dos problemas que estas colocam para o seu trabalho. Mas, como preparar-se, técnica e psicologicamente, para uma atividade artística que se caracteriza justamente pela mutabilidade e imprevisibilidade? Era preciso encontrar formas próprias de lidar com as especificidades do espaço público, e compreender as eventuais interferências do espectador da rua, e da própria cidade, sobre a cena como formas de contato que fazem parte do jogo lúdico instalado na cidade pelo espetáculo de rua. Foram estas algumas das questões que mais cresceram em meio a tantas outras indagações presentes nas discussões surgidas nos encontros e seminários sobre teatro de rua, entre os anos finais da década passada e o início da atual, e que levaram à ideia da *sede pública* como uma tentativa de responder àquelas necessidades.

As origens dessa iniciativa pioneira no teatro brasileiro se devem às experimentações "em campo" do Grupo Tá na Rua, do Rio de Janeiro, as quais se constituíram como um conjunto de atividades, ensaios abertos e apresentações realizadas pelo coletivo no Largo da Carioca, no centro da capital fluminense, durante o período compreendido entre 2008 e 2010[1]. Este período de experimentação, criação e produção artística apresentava também um objetivo político de interesse para os teatristas de rua, naquele momento de intensa mobilização dos articuladores da RBTR em torno das suas discussões estéticas e da possibilidade de participação na formulação das políticas públicas para o teatro brasileiro.

O Tá na Rua pretendia promover uma práxis sobre a "sede pública" – noção que se disseminava rapidamente entre os coletivos de rua do país, tendo à frente o diretor Amir Haddad. Uma vez lançada, a proposta começou a ser amplamente discutida e logo recebeu o apoio de grupos de todo o país, uma vez que o problema do uso (ou interdição) dos espaços públicos nas cidades atingia muitos deles. Alguns atores desses coletivos de rua chegaram a fazer pesquisas informais sobre o tema em suas próprias regiões e, através da RBTR, foi feito um mapeamento do circuito de praças adotadas por todo o país.

Dentre os que participaram mais ativamente desse processo na cidade do Rio de Janeiro, destacam-se a Grande Companhia Brasileira de Mysterios e Novidades, o Grupo Off-Sina, a Tropa de Palhaços de Quinta, Grupo Será o Benidito? e o próprio Tá na Rua, que assumiram como suas respectivas sedes públicas a Praça da Harmonia (na Gamboa, Centro), o Largo do Machado (em Laranjeiras, Zona Sul), o Largo das Neves (em Santa

---

1. As apresentações aconteciam às sextas-feiras, entre 14h00 e 17h00, no anfiteatro localizado dentro da área cercada que, hoje, é administrada pelo BNDES. Como se localiza em uma passagem entre o Largo da Carioca e as ruas adjacentes, esse espaço apresenta grande circulação de pedestres no horário em que se encontra aberto ao público: trabalhadores dos escritórios do centro da cidade, vendedores ambulantes, transeuntes de todas as idades e conformações sociais, além de moradores de rua.

os espaços da cidade   105

Teresa, Centro), a praça Afonso Pena (na Tijuca, Zona Norte) e o Largo da Carioca (Centro)[2].

Vários grupos da RBTR que não possuíam uma sede, ou adotavam um esquema doméstico, trabalhando em suas próprias residências, viram uma possibilidade concreta de construir, ainda que provisoriamente, o seu próprio espaço de criação artística e, ao mesmo tempo, conquistar um novo tipo de relação com a comunidade do entorno. Outros, já sediados em espaços estáveis, perceberam que a adoção de uma sede pública lhes traria a oportunidade de desenvolver habilidades técnicas e artísticas diretamente em contato com o público, o que somente um trabalho teatral de campo pode proporcionar, em face das condições singulares de "abertura ao jogo e à liberdade de ação"[3] que a rua tende a estimular naqueles que dela usufruem.

Do ponto de vista pedagógico, o que estava claro para os coletivos de rua é que, assim como qualquer outro elemento cênico, este jogo de atravessamento espetáculo/cidade também requer conhecimento e prática. Sabiam, intuitivamente, que trabalhar em meio a uma profusão de elementos imprevistos possibilita o aprimoramento das competências técnicas próprias para o jogo teatral na rua, pois o contato regular com um espaço público, polifônico e heterogêneo exige uma grande flexibilidade para lidar com o novo a cada momento. Vários coletivos brasileiros, motivados com o desafio, passaram a realizar gradualmente seus ensaios em espaços abertos, sob os olhares curiosos de moradores, crianças e outros espectadores eventuais, principalmente aqueles que dispunham de algum espaço urbano – uma praça, um descampado ou outro – próximo às suas sedes ou residências. Isso lhes possibilitou constatar que um trabalho regular no espaço público da cidade implica, de fato, uma ruptura radical com os modos convencionais de formação atorial encontradas nas escolas oficiais de ensino do teatro, uma vez que estes são voltados predominantemente para apresentações em espaços fechados, onde o contato com o público se dá somente após um período de ensaios – menos ou mais longo, dependendo de cada caso –, distante do olhar do espectador.

Além disso, a iniciativa acabava por promover, também, uma participação mais efetiva na vida da

2. Desde então, todos esses coletivos mantiveram as suas "sedes públicas" em atividade permanente, apesar dos inevitáveis percalços que passaram a enfrentar, sobretudo naquela época, em relação aos órgãos administrativos locais.

3. Cf. A. Carreira, *Teatro de Rua: Brasil e Argentina nos Anos 1980*.

comunidade na qual atuavam, dando visibilidade às discussões que travavam entre si sobre as políticas públicas para a arte e o teatro. Em função das sedes públicas, os grupos passaram a viver experiências concretas de pertencimento aos bairros, participando das atividades desenvolvidas pelas associações de moradores (principalmente em produções culturais locais) e engajando-se em ações sociais e políticas mobilizadas por seus líderes comunitários[4].

Foram estas as circunstâncias em torno do processo de ocupação do Largo da Carioca, no centro do Rio de Janeiro, como "sede pública" do grupo Tá na Rua, assumida pelo grupo carioca como parte fundamental de suas atividades teatrais do período.

[4] A questão da sede pública mobilizou de tal forma a comunidade teatral de rua que seus efeitos logo repercutiram positivamente. Em 2009, por exemplo, a RBTR obteve a aprovação do edital da Funarte – Artes Cênicas na Rua que contemplava projetos nessa área específica; houve a criação do Programa Federal Praças do Esporte e da Cultura pelo PAC/ Ministério dos Esportes, por meio do qual grupos de todo o país passaram a fazer apresentações nesses espaços, além de outras conquistas mais pontuais. Um pouco mais tarde (em 5 de junho de 2012), foi aprovada na Câmara Municipal do Rio de Janeiro a Lei n.5.429/12 que "dispõe sobre a apresentação de artistas de rua nos logradouros públicos do município do Rio de Janeiro", do vereador Reimont (PT-RJ), como resultado de intensa mobilização dos artistas de rua da cidade, sob a liderança de Amir Haddad.

2 O Tá na Rua no Largo da Carioca

Os primórdios da ocupação do Largo da Carioca para ser transformado em sede pública pelo Tá na Rua encontram-se em 2005, no período imediatamente anterior à ida desse grupo a Paris para representar o país no Ano do Brasil na França, com o espetáculo *Dar Não Dói, o Que Dói É Resistir*, cujo tema central era o golpe militar de 1964. O espetáculo amadurecera muito desde a sua primeira apresentação no Festival Porto dos Palcos (Fundo de Apoio ao Teatro – Fate), em 2004, e começava a exigir, para a realização de cenas de multidão, manifestações políticas e outras, um espaço cênico maior do que o da Casa do Tá na Rua – um antigo casarão situado na rua Mem de Sá, no bairro da Lapa. O coletivo decidiu, então, retomar, no Largo da Carioca, o procedimento de "ensaios abertos", tal como os seus atores-fundadores haviam experimentado na origem da formação do grupo[1].

O sucesso dessa emblemática experiência gerou reflexões e debates entre os integrantes da RBTR, pois muitos deles lidavam com idêntica dificuldade: a falta de espaço físico para trabalhar. As questões emergentes poderiam ser sintetizadas nestas perguntas: "Quais as condições

1. Cf. A.M.P. Carneiro, *Espaço Cênico e Comicidade*. Em pesquisa acadêmica sobre o coletivo, a atriz fundadora do grupo, Ana Carneiro, descreve essa prática.

materiais necessárias para se produzir um espetáculo na rua?"; "É preciso ter uma sede, uma sala, um espaço próprio para se realizar um bom trabalho?" O pouco êxito dos grupos no enfrentamento do problema gerava, frequentemente, discursos pessimistas, que tendiam a colocar o teatro de rua numa deplorável condição de vítima. Se as discussões iniciavam pela temática do espaço físico, logo se estendiam para uma reclamação generalizada e em bandeiras de luta contra os governos (municipais, estaduais, federal), denunciando a falta de apoio e de verbas públicas para a cultura, dentre outras. Embora contivessem uma boa dose de razão, o resultado mais costumeiro dessas argumentações era o de levar grande parte dos fazedores teatrais de rua para uma postura defensiva e pouco produtiva, dificultando o desenvolvimento de discussões mais amplas e profundas sobre o teatro de rua.

Midiatizada pela figura carismática de Amir Haddad, a polêmica logo revelou que sob o discurso da pobreza e da impotência, direcionado para o problema concreto da falta de espaço físico, também se ocultava outra dimensão, *não física*, mais relacionada com uma concepção tradicional de teatro, em que os critérios de excelência técnico-artística haviam sido definidos pelo teatro de palco à italiana. Dessa forma, os artistas de rua consideravam a falta de um espaço físico um fator absolutamente impeditivo no desenvolvimento de um trabalho artístico que merecesse ser considerado bom ou mesmo razoável, dentro dos parâmetros teatrais convencionais. "Onde", perguntavam-se, "seria possível realizar um *trabalho de corpo* satisfatório, com suas técnicas de relaxamento, conscientização, respiração?" Ou exercitar técnicas vocais? Onde praticar leituras, jogos teatrais e outros procedimentos considerados por eles imprescindíveis ao aprimoramento do ator, à criação, à atuação?

Todas essas e muitas outras dificuldades – em princípio insolúveis, pois aparentemente contrárias à natureza essencialmente efêmera do espetáculo de rua – aconteciam porque seus realizadores carregavam dentro de si um embate secreto entre o "dentro" e o "fora", entre o palco e a rua, entre a legitimidade do teatro oficial e a marginalidade do teatro de rua, e encontravam dificuldades de superar essa dicotomia – fator gerador de culpas e rivalidade entre os articuladores da RBTR. Em consequência disso, grande parte dos

os espaços da cidade 109

grupos "resolvia" a contradição levando para a rua procedimentos de palco ou, em outras palavras, criando espetáculos de rua a partir de princípios e procedimentos próprios do teatro de sala (texto dialogado, frontalidade, cenário de fundo, quarta parede etc.). O resultado dessas tentativas era, em geral, insatisfatório, colocando em xeque a autoestima dos coletivos que, amiúde, comparavam as suas produções com as de outros grupos de rua – como o Galpão (MG) e o Ói Nóis Aqui Traveiz (RS), por exemplo –, vendo-se sempre "menores" diante daquelas referências nacionais de competência artística e sucesso profissional.

O trabalho de "remoção das carcaças ideológicas" – na expressão criada e difundida por Amir Haddad – levou os grupos da RBTR a refletirem se a sua escolha pelo teatro de rua era de fato uma *opção pela rua* ou significava apenas o resultado possível de uma *falta de opção* em relação ao teatro hegemônico. Um dos temas mais recorrentes, na ocasião, era o do lugar do artista de rua, visto em sua condição de cidadão e trabalhador, e cujo ofício implicava estabelecer relações com a cidade em diversos níveis: estético, político, relacional, histórico… A partir da constatação, por parte dos fazedores teatrais, de que o lugar de criação e trabalho do artista de rua é a rua, e que a cidade é a sua "casa", o seu "palco", vários grupos da RBTR decidiram fazer também a experiência da sede pública, entendendo que já não lhes bastava realizar todas as etapas de criação e montagem de um espetáculo num espaço fechado, para somente depois irem com ele para a rua, apresentando-o como um produto pronto para uma plateia seleta.

A polêmica questão do "teatro de rua *versus* teatro na rua", que há anos vinha ocupando a atenção do setor, apresentou-se e foi esclarecida nesses termos a partir de muitas discussões presenciais e *on-line* sobre a noção de "sede pública" proposta por Amir Haddad. Ficou claro, para esses articuladores, que a especificidade do espaço da rua é determinante para o teatro de rua; entretanto, essa especificidade não se limita à dimensão *física* do espaço. As relações que o teatro de rua estabelece com distintos espaços cênicos – das barrancas de rios e clareiras no centro de uma aldeia indígena à cidade pós-moderna e globalizada – permanentemente tensionados entre diferentes linhas de força são o ponto de partida, porém não

2. Cf. H. Lefebvre, *O Direito à Cidade*.

3. Assim como outros grupos de rua do Rio de Janeiro, o Tá na Rua também foi, em algumas ocasiões, impedido pela Guarda Municipal de trabalhar em espaços abertos, levando Amir Haddad a escrever, em 18 de novembro de 2009, uma carta aberta à então Secretária Municipal de Cultura do Rio de Janeiro, Jandira Feghali, fazendo um apelo para a revisão das leis municipais sobre a ocupação das vias públicas.

4. Cf. A. Carreira, *Teatro de Rua: Brasil e Argentina nos Anos 1980*.

5. Cf. F. Guattari; S. Rolnik, *Micropolítica*.

6. Cf. R.J.B. Cardoso, *A Cidade Como Palco*.

7. Cf. L.G. Carvalho, *O Riso na Praça Pública*, em N. Telles; A. Carneiro (orgs.), *Teatro de Rua: Olhares e Perspectivas*.

8. Podemos citar a tendência de organização sistemática de manifestações populares (como a saída dos Filhos de Gandhi e do Cordão da Bola Preta, no Carnaval) nos espaços públicos, que vem se acentuando nas duas últimas décadas. Depois de concluídas as obras da Estação Carioca do metrô, por exemplo, o BNDES passou a administrar e fazer a manutenção do Anfiteatro do Largo, seguindo uma política de adoção de espaços

o único parâmetro, para uma definição do seu lugar, hoje. O teatro de rua não é somente uma questão de espaço cênico, mas, sobretudo, de uma linguagem cênica singular, diferenciada de outras linguagens cênicas.

Aliada a essas questões, apresentava-se também para os artistas de rua cariocas a urgência de posicionar-se eticamente perante o crescente processo de privatização do espaço público e cerceamento do "direito à cidade" (no dizer de Lefebvre[2]), perpetrado pelas políticas públicas de revitalização e urbanização mais recentes, que, contraditoriamente, apoiavam a realização de grandes eventos privados nos espaços públicos do Rio de Janeiro e, ao mesmo tempo, restringiam atividades culturais autônomas de artistas e de coletivos teatrais de rua[3].

Assim, além de preencher uma necessidade vital para os grupos que não dispunham de uma sede, a ocupação desses espaços constituía, também, um ato simbólico de "desobediência civil" e de oposição aos processos impostos pela lógica mercadológica aos espaços públicos das cidades brasileiras, buscando-se restituir neles aquilo que fora subtraído do cidadão – a condição original desses espaços urbanos como lugares de comunhão e de encontro[4]. Nesse sentido, a ocupação do anfiteatro do Largo da Carioca mostrou-se como uma "revelação" para os grupos de teatro de rua da RBTR, inclusive para o próprio Tá na Rua, que vislumbrou a possibilidade de articular à sua prática artística uma ação de resistência micropolítica[5] aos processos de mercantilização aos quais o espaço público do centro da cidade do Rio de Janeiro (principalmente quanto às suas manifestações culturais) vinha sendo sistematicamente submetido, desde os anos de 1980[6].

Do ponto de vista do Tá na Rua no Largo da Carioca, esse foi um momento durante o qual o coletivo conseguiu, por meio de uma prática artística, transformar o local da "balbúrdia", da "exposição ininterrupta de horrores da miséria e da doença" e da praça que "nunca se desfez de seus pobres assumidos e artistas anônimos"[7],

os espaços da cidade   111

num espaço urbano cujo significado, frequentemente abordado apenas em seus aspectos negativos, pôde ser ressignificado pelo teatro de rua. Mais ainda, contribuiu para recuperar o sentido do que possa ser um *espaço público* no sentimento do cidadão carioca – o qual vinha gradativamente sendo diluído pelos processos perversos da homogeneização capitalística que dissolvera, mediante ações governamentais "politicamente corretas"[8], os sentidos históricos construídos e ali depositados pelo imaginário da população.

Na perspectiva dos estudos acadêmicos mais atuais sobre a modalidade, o trabalho desenvolvido pelo grupo Tá na Rua no Largo da Carioca nos auxilia a avançar para além das reflexões que, ao estabelecerem relações diretas e unívocas entre os espetáculos de rua e a comicidade – baseadas principalmente em interpretações restritivas das teses de Mikhail Bakhtin[9] sobre a cultura popular na Idade Média –, levam com frequência o pesquisador a atribuir a essas manifestações o caráter de uma simples "fuga provisória do mundo oficial e sério" onde, através do riso, "os espetáculos dão visibilidade à doença, à sexualidade, à miséria e à festa de uma população em geral excluída do circuito cultural oficial. Esse riso que iguala momentaneamente as pessoas, liberta, alivia e alegra, permitindo esquecer, minimizar ou, pelo menos, encarar de outra forma os problemas e as frustrações do dia a dia"[10].

Pesquisas que, diferentemente, colocam a *cultura urbana* como eixo central dos estudos sobre o teatro de rua[11], a *cidade como palco* da experiência teatral contemporânea[12], as reflexões sobre *o lugar do afeto* dentro do político[13] e a *potência da utopia*[14], parecem oferecer um panorama mais positivo para as investigações sobre a modalidade teatral de rua na contemporaneidade.

públicos por parte de empresas públicas e privadas. Como governador do estado do Rio de Janeiro (1995-1998), Marcello Alencar (PSDB/RJ) implementou um grande projeto de urbanização da capital, a partir do qual muitas praças da cidade foram cercadas, dificultando o acesso da população às atividades culturais autônomas até então abundantes nesses locais. Mas houve também algumas conquistas. No dia 7 de agosto de 2011, o Tá na Rua reinaugurou a histórica Praça Tiradentes, celebrando oficialmente a sua restauração e a simbólica retirada das grades, num grande evento público realizado pelo Projeto Monumenta (numa parceria da Secretaria Municipal de Cultura do Rio de Janeiro com o Ministério da Cultura e o Banco Interamericano de Desenvolvimento).

9. Cf. M. Bakhtin, *A Cultura Popular na Idade Média e no Renascimento.*

10. L. G. Carvalho, op. cit., p. 201.

11. Cf. A. Carreira, *Reflexões Sobre o Conceito de Teatro de Rua*, em N. Telles; A. Carneiro (orgs.), *Teatro de Rua: Olhares e Perspectivas.*

12. Cf. R.J.B. Cardoso, op. cit.

13. Cf. F. Guattari; S. Rolnik, op. cit.

14. Cf. M. Maffesoli, *A Transfiguração do Político.*

3

Diversão e Arte

O Espaço da Cidade Como Lugar de Trabalho

Considerando-se que, no pensamento desenvolvido em *História da Sexualidade* I por Michel Foucault sobre as relações de poder na sociedade ocidental, a subjetividade do indivíduo inclui uma dimensão de interioridade que se constitui apenas na relação com os outros indivíduos, pode-se dizer que, diferentemente da concepção individualizada do ator virtuose que detém um domínio técnico da representação cênica, as práticas teatrais do teatro de rua encontram-se profundamente ancoradas na noção de subjetividade, tal como proposta pelo filósofo francês. A horizontalidade das relações interpessoais, decorrente do treinamento realizado diretamente na rua e aberto a todo tipo de intervenção, tem uma consequência essencial do ponto de vista da produção coletiva de subjetividade: o exercício constante com um público participativo, porém transitório, torna-se, por assim dizer, parte natural das atividades cênicas, levando os integrantes das oficinas a compartilharem permanentemente suas experiências artísticas e reflexões com um outro totalmente exterior ao grupo de trabalho e, na maior parte das vezes, desconhecedor dos códigos representacionais.

Essa metodologia "aberta" de trabalho, que se estende do treinamento do ator aos espetáculos, promove o rompimento com o padrão teatral clássico que prevê uma separação nítida entre ensaios e apresentação, e onde a presença do outro está condicionada à estreia, à apresentação pública. Para o teatro convencional de palco, é provável que a subjetividade decorrente do contato entre atores e espectadores só se produza, efetivamente, no momento em que o produto do trabalho se manifesta publicamente ao soar o terceiro sinal; porém, no teatro de rua isso se dá paralelamente à própria construção do espetáculo, e não num momento posterior, sobretudo a partir das atividades realizadas em sede pública. Trata-se, portanto, de uma produção de subjetividade interpessoal concomitante ao processo de criação, em que as fronteiras existentes entre o "interior" (os indivíduos que constituem o grupo teatral) e o "exterior" (o meio externo, o espectador) são deliberadamente suprimidas. No teatro de rua, esse outro – sem o qual a subjetividade não se consuma – está presente desde o início do processo de preparação dos atores, radicalizando-se nos ensaios abertos, até o clímax da estreia propriamente dita.

É possível verificar, com base nessa forma de trabalho, que os modos de produção da subjetividade estão completamente entranhados em todas as dimensões do teatro de rua: nas práticas de formação do ator, nos processos de criação, na produção e na apresentação do produto artístico. Além de ser uma proposta alternativa aos modos hegemônicos de produção e criação cênica, a metodologia singular da sede pública constitui-se também numa postura ético-política de resistência micropolítica, a qual estabelece uma relação profunda com as reflexões sobre os modos de subjetivação considerados no pensamento foucaultiano.

Para os artistas que através da RBTR adotaram os procedimentos da sede pública, essas discussões vêm ainda ao encontro de outro aspecto primordial do teatro de rua, que diz respeito ao próprio modo de vida adotado por grande parte dos fazedores teatrais de rua brasileiros. Herdeiros, de um lado, de uma tradição "de feira", ambulante, centrada no núcleo artístico grupal e/ou familiar e, de outro, do ideário da contracultura dos anos de 1960, esses teatristas desenvolveram, no Brasil, formas de organização social e de produção artística que se configuram como alternativas à chamada "vida burguesa" e à arte hegemônica. Sobrevivendo na confluência de tendências distanciadas

os espaços da cidade

tanto estética quanto historicamente – como a tradição do teatro mambembe e do circo, e a contemporaneidade de um teatro novo[1], ansioso por um contato humano sem fronteiras –, o teatro de rua representou para muitos a possibilidade de conjugar vida familiar e trabalho, ação política e liberdade; em outras palavras, de concretizar o sonho demasiadamente humano de viver entre diversão e arte.

Exemplo emblemático dessa visão de mundo, que extrapola a dimensão estritamente técnico-estética do ofício, é o de Mauro Bruzza, *performer* de rua gaúcho que desenvolve, há vários anos, uma personagem milenar das artes de ruas de todos os tempos: o "homem-banda". Batizado como Mauro-Lauro-Paulo, o homem-banda de Bruzza é, segundo o ator, "por excelência, uma figura da rua". Seu *habitat* natural é a rua; ele praticamente não existe em espaços fechados, muito menos num palco teatral, porque a sua natureza é a de um ser errante, nômade, cujo atributo primário é andar pelo mundo. Por isso, o seu espaço preferencial de trabalho é o Brique da Redenção, tradicional feira de artesanato realizada desde os anos de 1970, no Parque Farroupilha – uma grande área verde próxima ao centro da cidade de Porto Alegre, onde o ator reside.

Para Mauro Bruzza, trabalhar como artista de rua representa uma possibilidade de viver com dignidade, realizando algo que lhe dá prazer e liberdade. Durante anos, trabalhou viajando por vários países da Europa até resolver regressar ao Brasil. Hoje, desenvolve outras atividades artísticas paralelas à da rua, mas a de *performer* solo continua sendo para ele a mais essencial e querida, pois é a rua o espaço onde se sente mais à vontade para criar e experimentar novos procedimentos e objetos cênicos. Além disso, hoje lhe parece muito claro que, para o público em geral, não há dúvidas de que se trata de um *trabalho*; as pessoas das plateias nos mais diferentes lugares, seja qual for a condição social, "sabem" que o homem-banda está ali trabalhando e que, por isso, deverá ser pago no final. Alguns espectadores chegam a ficar com o dinheiro na mão, esperando o término da apresentação para colocá-lo no chapéu do artista.

Todavia, esse modo de vida também poderia ser interpretado, além de uma opção pelo teatro de rua em si, como uma estratégia criada pelo ator para escapar às condições restritivas impostas ao cidadão no mundo

1. M. Ribeiro, *Anais do IV Congresso Brasileiro de Pesquisa e Pós-Graduação em Artes Cênicas,* p. 39-40.

globalizado – estratégia essa que estabelece uma relação próxima ao conceito de "micropolítica", tal como explicitado na obra *Micropolítica: Cartografias do Desejo*. O livro, escrito pela filósofa e psicanalista Suely Rolnik, com base nas conferências proferidas por Félix Guattari, por ocasião de sua viagem ao Brasil, em 1982, apresenta o pensamento desse filósofo sobre as notáveis transformações sociais e econômicas que se delineavam por todo o globo, naquela época, e que, segundo ele, desempenhavam papel preponderante no processo de redemocratização da sociedade brasileira, descortinando para este país a possibilidade de articular macro e micropolíticas em direção à "construção de novos contornos da realidade"[2].

Contrariamente a uma abordagem da então propalada "crise mundial" – na verdade, crise das duas grandes ideologias do ocidente, capitalismo e comunismo –, a partir de explicações de cunho sociológico ou de dados econômicos, Guattari introduz no debate questões até então limitadas à esfera da alma e da psique, tais como o desejo, o sentido da existência, as aspirações humanas, aspectos esses comumente considerados como externos aos grandes problemas políticos e sociais.

> Todos vivemos quase que cotidianamente em crise, crise da economia, mas não só da economia material, senão também da economia do desejo que faz com que mal consigamos articular um certo jeito de viver e ele já caduca. Vivemos sempre em defasagem em relação à atualidade de nossas experiências. Somos íntimos desse incessante sucateamento de modos de existência promovido pelo mercado, que faz e desfaz mundos: treinamos, dia após dia, nosso jogo de cintura para manter um mínimo de equilíbrio nisso tudo e adquirir agilidade na montagem de territórios.[3]

Essas discussões iniciavam pela constatação de que se operava em escala internacional a instauração de um novo regime – que nomeou Capitalismo Mundial Integrado (CMI)[4] – no qual será por ele atribuído papel fundamental à subjetividade e ao potencial de *criação do desejo*, "como principal fonte de extração de mais-valia[5], no lugar da força mecânica do trabalhador braçal"[6].

2. F. Guattari; S. Rolnik, *Micropolítica*, p. 10.
3. Ibidem, p. 15.
4. Rolnik explica que, desde os anos de 1960, o termo já era proposto por Guattari como alternativa ao de "globalização" – o qual, segundo ele, mascarava o sentido essencialmente econômico, capitalista e neoliberal do fenômeno de mundialização que se iniciava. Na nova perspectiva, o capitalismo estende o seu controle a toda atividade humana, inclusive ao inconsciente, ao desejo e ao sonho.
5. Lucro.
6. Ibidem, p. 10.

os espaços da cidade 117

No discurso de Guattari, conceitos como *identidade* e *individualidade* irão dar lugar ao de *singularidade*, que ele emprega para problematizar e ampliar questões situadas simultaneamente na esfera do particular e do político, agora na perspectiva de uma "política das relações amorosas". São adotados por ele os termos *subjetividade*, para indicar a instância subjetiva aí implicada, e *subjetivação* (ou *produção de subjetividade*) como substituto de *ideologia*, conceito este considerado por ele insuficiente para dar conta da amplitude da nova cultura capitalística e das alternativas em termos de modos de viver e de sentir. Traçando analogias com o mundo industrializado, Guattari irá falar de uma lógica serializada de produção da subjetividade nas sociedades capitalísticas, especializada em fabricar os conteúdos que o sujeito acredita serem "seus" – comportamentos, percepções, sensibilidade, imaginação, relações pessoais –, na verdade, produtos dessas "linhas de montagem". Para o filósofo, o que caracteriza os modos de produção *capitalísticos*[7] é que, além de funcionar no registro do monetário e do capital, eles atuam também no âmbito da subjetividade e da cultura, ou seja, "o capital ocupa-se da sujeição econômica, e a cultura, da sujeição subjetiva"[8].

À luz das reflexões de Félix Guattari, pode-se dizer que a criação da personagem homem-banda é parte de um processo mais amplo de "invenção de estratégias para a constituição de novos territórios, outros espaços de vida e de afeto, uma busca de saídas para fora dos territórios sem saída"[9], aventura à qual inúmeros artistas se lançam ao buscar a rua como o seu legítimo lugar de trabalho, fugindo da lógica industrial que tende a isolar o artista/trabalhador do mundo circundante, mantendo tanto o próprio artista quanto as suas obras confinados em espaços fechados.

Assim como um grande contingente de fazedores teatrais de rua, o ator Mauro Bruzza exerce conscientemente o seu "direito à cidade", vivendo efetivamente como artista de rua, retirando o seu sustento da liberdade que a rua lhe oferece. Mérito obtido por atos de coragem, como os de recusar-se a fazer parte das linhas de montagem capitalísticas e subverter a lógica da máquina de subjetivação serializada à qual somos todos submetidos cotidianamente, assumindo os riscos

7. Por *capitalístico*, Guattari define o modo de produção capitalista que se estende a países de diferentes orientações econômicas, além daqueles tradicionalmente qualificados como "capitalistas", incluindo-se aí o "Terceiro Mundo" e as economias do Leste europeu.

8. Ibidem, p. 21.

9. Ibidem, p. 18.

de uma carreira instável e insurgindo-se contra a padronização do desejo que se insinua em todos os campos profissionais – inclusive o artístico – em favor da singularidade da própria existência.

4 Teatro de Rua: Arte Essencialmente Pública

Desde 1980, ano de sua criação, o grupo Tá na Rua realiza oficinas de formação de atores sob a coordenação do seu diretor, Amir Haddad. Durante 35 anos de atividades ininterruptas, as reflexões advindas da chamada "elaboração" – como os atores designam aquelas conversas que ocorrem após as práticas propriamente ditas, e das quais todos participam animadamente – vêm representando para o coletivo mais do que apenas um momento de avaliação grupal. Têm passado pela sala de ensaios da Casa do Tá na Rua, no bairro da Lapa, as mais importantes reflexões de Haddad acerca do teatro: suas possíveis linguagens, modos de produção, as relações e contradições que essa arte estabelece com a sociedade brasileira; ali também nasceram algumas das mais recentes indagações sobre o teatro de rua. Assim, ao longo dos anos, o diretor e seus atores têm exercitado um tipo de reflexão que se mostra muito produtivo: tergiversando livremente em rodas informais de conversa sobre um esboço de ideia, uma memória, um ato falho, uma simples piada, amiúde revelam-se aspectos da modalidade que, embora díspares e às vezes contraditórios, vêm contribuindo para a construção coletiva de um corpo teórico de conhecimentos, hoje plenamente *in process*. Não foi diferente em relação ao termo "arte pública".

No início de 2008, Amir Haddad fazia uma explanação na Casa do Tá na Rua, perante os novos alunos que ingressavam numa das oficinas teatrais por ele designada Escola Carioca do Espetáculo Brasileiro. Em determinado momento, depois de uma breve pausa em que parecia estar buscando a palavra certa, usou informalmente o termo "arte pública" para definir a natureza do trabalho do grupo Tá na Rua. A partir de então, passou a inseri-lo em seminários, debates e em outros momentos de troca entre fazedores teatrais, convicto da ideia de que o teatro de rua é uma das várias formas possíveis de arte pública.

De lá para cá, a questão vem sendo discutida regularmente pelo coletivo, que a percebe como pertinente não apenas ao grupo Tá na Rua, mas ao conjunto dos artistas que atuam em espaços abertos e se deparam cotidianamente com a complexidade das relações que se estabelecem entre estes, o teatro e a cidade contemporânea. Percebendo a importância de aprofundar o entendimento da noção de "arte pública" e de amadurecer aquele *insight* de Amir Haddad, fomos procurar o conceito em seu uso formal, tendo-o encontrado nas artes plásticas.

O termo "arte pública" entra oficialmente para o vocabulário da crítica de arte na década de 1970, acompanhando de perto as políticas de financiamento criadas para a arte em espaços públicos, como o National Endowment for the Arts (NEA) e o General Services Administration (GSA), nos Estados Unidos, e o Arts Council, na Grã-Bretanha. No campo das artes plásticas, fala-se de uma arte cujas obras – sobretudo murais e esculturas – estejam expostas em espaços públicos, ainda que o termo possa designar também interferências artísticas em espaços organizados de acordo com critérios privados, como hospitais e aeroportos. A ideia geral é de que se trata de arte fisicamente acessível, que modifica a paisagem circundante de modo permanente ou temporário.

Definir uma obra de arte que possua como prerrogativa fundamental a qualidade de ser "pública" exige considerar as dificuldades que rondam esse conceito, cuja noção pode abrigar diferentes significações: em sentido literal, por exemplo, estão sob a denominação "arte pública" os monumentos instalados nas ruas e praças das

os espaços da cidade 121

cidades que são, em princípio, de acesso livre à população, além das obras que pertencem aos museus, galerias e acervos. Já o sentido corrente refere-se à arte realizada fora dos espaços tradicionalmente dedicados a ela. Para tentar delimitar o alcance do termo, portanto, verifica-se que é preciso uma aproximação entre vários campos conceituais que interligam a arte à história, à política, à sociologia e também ao urbanismo.

Do ponto de vista físico e urbano, o espaço público é definido por Françoise Choay e Pierre Merlin como "a parte de domínio público não edificado e destinado aos usos públicos"[1], numa designação que identifica propriedade e uso coletivos. Já os espaços livres públicos, segundo essa referência, incluem tanto "as áreas abertas de circulação e lazer" (ruas, avenidas, praças, bulevares, galerias cobertas etc.) quanto "as áreas verdes" (parques, jardins públicos, praças fechadas, cemitérios etc.) e os espaços denominados "plantes" (caminhos, pátios, entre outros). Essa definição não constitui, porém, uma unanimidade nos estudos de urbanismo; em trabalho sobre o tema da "cidade como palco", baseado numa investigação acadêmica de fôlego, Cardoso[2] comenta que alguns urbanistas incluem também as edificações públicas – museus, bibliotecas, universidades, estações, centros culturais etc. – no rol dos espaços públicos.

O caráter engajado da arte pública, na perspectiva das obras de artes visuais inseridas ao ambiente, visa alterar a paisagem ordinária e, no caso das cidades, interferir na fisionomia urbana, recuperando espaços degradados e promovendo o debate cívico[3]. Desde as primeiras críticas da arte à sociedade burguesa encontram-se expressões e movimentos que compartilham dessa concepção, como é o caso do dadaísmo. A esse respeito, Lúcio Agra oferece o exemplo de dadaístas alemães que, logo após o término da Primeira Guerra Mundial, nos anos de 1920, criavam esculturas com "pedaços de manequim, engrenagens de relógio e toda sorte de entulho que se encontrava pelas ruas das cidades destruídas"[4].

Um dos maiores representantes do teatro alemão, o encenador Erwin Piscator, pertenceu ao círculo intelectual de Berlim, ao lado de Johan Heartfield, George Grosz, Walter Mehring, Richard Huelsenbeck, Franz Jung, Raoul Hausmann e outros artistas (em sua maioria,

1. P. Merlin; F. Choay, *Dictionnaire de l'urbanisme et de l'aménagement*, p. 317.
2. Cf. R.J.B. Cardoso, *A Cidade Como Palco*.
3. Cf. F.P. da Silva, *Arte Pública*.
4. L. Agra, *História da Arte do Século xx*, p. 66.

dadaístas), que acompanharam de perto os acontecimentos em torno da Primeira Guerra. Em sua obra, ele relata por que, mesmo não se considerando propriamente um dadaísta, comungava das ideias mais radicais desse movimento acerca da arte:

> O dadaísmo tornara-se perverso [em 1919]. A velha posição anarquista contra a burguesia bitolada, a revolta contra a arte e as demais atividades intelectuais, passara a ser mais grave, quase já se revestindo da forma de luta política [...]. Eu também já tinha uma clara ideia de até que ponto a arte era apenas um meio para um fim. Um meio político. Um meio propagandístico. Um meio educativo. Ainda que não somente no sentido que lhe davam os dadaístas, era preciso gritar com eles: "Abandonemos a arte! Acabemos com ela!"[5]

O dadá, em sua reação generalizada contra todas as convenções, possibilitou uma fusão até então inédita entre as diversas formas de arte, mesclando pintura, poesia, escultura e outras linguagens, questionando a própria natureza do signo artístico. Nos Estados Unidos, a *performance art* e o *happening* dos anos de 1960 podem ser considerados, nas artes cênicas, os herdeiros legítimos desse movimento.

No Brasil, é possível pensar em formas pioneiras de arte pública por meio das iniciativas individuais de alguns expoentes. Poderia ser considerado um precursor da arte pública nacional, por exemplo, o artista plástico e arquiteto Flávio de Carvalho (1899-1973), que, em 1931, realizou em São Paulo uma memorável performance – a Experiência n. 2 – na qual apenas manteve o chapéu na cabeça diante de uma procissão de Corpus Christi. Quase linchado, justificou o fato às autoridades com o argumento de estar fazendo uma pesquisa sobre a "psicologia das multidões", algo que na Europa seria objeto de investigações científicas somente anos depois[6].

Em artigo para O Percevejo[7], Zeca Ligiéro analisa essa performance pioneira sob a óptica do teatro ambientalista, de Richard Schechner, e dos *enviroments*, de Allan Kaprow. Ligiéro observa que, embora outros estudos tenham apontado razões de ordem religiosa e política para a realização da performance de Flávio de Carvalho, o próprio livro no qual o artista descreveu minuciosamente as etapas de sua ação fornece indicações suficientes para se afirmar que "as intenções de Flávio

5. E. Piscator, *Teatro Político*, p. 39.
6. Cf. L. Agra, op. cit.
7. Z. Ligiéro, Flávio de Carvalho e a Rua, O Percevejo, n. 7, p. 82-89.

os espaços da cidade   123

de Carvalho estavam muito mais relacionadas com as questões da eficácia da performance do que com a de um possível engajamento ou protesto político"[8]. O estudo destaca ainda a preocupação do artista com a resposta do público, o que revela uma exigência de atenção que é, em suma, característica das formas artísticas realizadas na rua onde o *performer* disputa a atenção do espectador com uma multiplicidade de estímulos provenientes do meio circundante[9].

As obras ambientais do artista plástico Hélio Oiticica (1937-1980) também podem ser tomadas como exemplos de uma produção artística que interpela o espaço público. As suas pesquisas estéticas, realizadas entre 1967 e 1969, período em que conviveu intimamente com moradores do morro da Mangueira, no Rio de Janeiro, modificaram profundamente a sua obra e os seus conceitos sobre a arte, influenciando decisivamente também na arte moderna e contemporânea brasileira a partir de então.

No samba carioca, Oiticica vislumbrou uma temporalidade que é traduzida na dança, e cujo caráter fragmentário dos movimentos que se transformam incessantemente é a chave da sua "arte ambiental": a arte que apresenta a ideia do *estar*, do *tornar-se*, do que está sempre móvel e que se estrutura somente pelo ato do espectador. Buscando a temporalidade da ginga no samba, ele percebe que a produção de imagens fragmentárias, sucedendo-se continuamente, desestabiliza a noção estática das artes plásticas. Segundo o criador de *Tropicália*, uma "estrutura ambiental" depende da ação do espectador para tornar-se realmente obra de arte. Esta existe apenas em potencial, enquanto não for colocada em movimento por aquele a quem o artista denominou "participador-obra"[10].

O artista e crítico de arte gaúcho José Francisco Alves[11] ressalta que, embora a percepção da existência desse campo de conhecimento e a sua denominação tenham se estabelecido apenas em época recente, as origens da arte pública remontam às mais antigas obras de arte – às pinturas rupestres das cavernas pré-históricas –, cuja consequência, em sua análise, foi o entrelaçamento da ideia de arte à arquitetura, durante um longo período. Argumentando que, a partir dos anos de 1980, obras de arte de caráter temporário começam a ocupar espaços não museológicos, princi-

8. Ibidem, p. 84.

9. Cf. A. Carreira, *Teatro de Rua: Brasil e Argentina nos Anos 1980*.

10. Cf. P.B. Jacques, *Estética da Ginga*.

11. Cf. J.F. Alves, Arte Pública, em J.F. Alves (org.), *Experiências em Arte Pública*, p. 5-11.

palmente na Europa e Estados Unidos, Alves defende a ideia de que, hoje, não só esculturas e murais instalados permanentemente no meio urbano integram o campo da arte pública. Nessa vertente, ação e experiência – ou seja, o processo artístico – são mais importantes que a permanência do resultado – o produto estético –, tornando--se um valioso meio utilizado por artistas na defesa de uma arte de caráter politizado e ativista.

Para o historiador de arte Fernando Pedro da Silva, a arte pública apresenta, sobretudo, a complexidade do ambiente ao estabelecer mudanças no cenário, estimular o debate comunitário e interagir com a arquitetura do entorno, acreditando que tudo isso contribui para a construção de um novo olhar sobre o lugar, além de gerar o diálogo com as comunidades, propiciando, desse modo, a conscientização coletiva, o (re)conhecimento e a denúncia de problemas políticos e sociais[12]. Assim, para ele, o conceito de arte pública abrange a realização de performances, a instalação de monumentos em praças, intervenções, a revitalização de espaços degradados e a apropriação ecológica, ou seja, apresenta um caráter multifacetado e interativo.

Propondo um conceito igualmente expandido de arte pública, Vera Chaves Barcellos sugere que se amplie a noção mais corrente de uma arte apenas apresentada em espaços públicos, para inserir também "as manifestações artísticas que envolvam o espectador e o público em geral e os conduzam a novas formas de participação ou de percepção mundo"[13], numa aproximação significativa das ideias pioneiras de Hélio Oiticica. A obra de arte pública, na concepção proposta por Barcellos, tende a tornar-se antes de tudo *ação* que se materializa como intervenção inesperada e inusitada, realizada no contexto urbano a partir de uma diversidade de materiais considerados "não nobres", caracterizados pela efemeridade (excluindo-se, por exemplo, o mármore, metais ou mesmo madeira). A ideia de obra de arte como ação, segundo a artista, assinala a passagem do tempo, a deterioração das coisas humanas e mutáveis, o perecível, aquilo que vale somente no momento da experiência.

Verifica-se, portanto, que na perspectiva de alguns de seus expoentes, à medida que avançamos na contemporaneidade e as fronteiras entre as diversas expressões da arte se dissipam, o termo arte pública deixa de ser um

12. Cf. F.P. Silva, Arqueologia da Memória, em J.F. Alves (org.), op. cit.

13. V.C. Barcellos, Arte Pública, em J.F. Alves (org.), op. cit., p. 66.

os espaços da cidade 125

indicativo de pertencimento da obra a determinado campo artístico em particular, tratando-se, antes, de um estado ou situação em que a obra de arte se processa perante espectadores eventuais.

O tema da arte pública não ocupa apenas as reflexões teórico--conceituais de especialistas. Hoje, se solicitarmos na internet uma simples busca de vídeos a partir das palavras-chave *arte* + *pública*, encontraremos uma grande quantidade das mais variadas manifestações artísticas que estabelecem, de algum modo, uma relação (menos ou mais direta) com o termo: performances urbanas; *street dance*; grafite; como tema de programas de televisão e palestras de especialistas em ambientes acadêmicos; encontra-se o termo, ainda, utilizado como nome de grupos artísticos etc. Em sua maioria, um grande número de vídeos disponíveis na internet não propõe qualquer tipo de reflexão sobre o tema, permanecendo mais no âmbito da divulgação direta e maciça de experiências realizadas no espaço público urbano. Contudo, nessa enorme diversidade de ações colocadas sob a denominação arte pública, é possível perceber traços comuns que nos remetem a características fundamentais que dizem respeito principalmente à localização e à relação obra/público.

Em 2002, por exemplo, a revista eletrônica *Trópico*, em sua seção "Em Obras", promoveu uma enquete intitulada "O Que É Arte Pública?", em virtude da ressonância do tema durante a xxv Bienal de São Paulo – Iconografias Metropolitanas e da recepção positiva do evento Arte/Cidade, ambos realizados na capital, nesse ano. O resultado da pesquisa revelou não existir consenso entre artistas de diferentes especialidades acerca do tema, como mostram algumas das respostas abaixo destacadas:

> Acho que existe um pequeno equívoco: as pessoas tendem a confundir arte pública e arte em espaços públicos. Creio que arte pública é o conjunto de obras que deve pertencer a uma determinada comunidade, estar disponibilizada aos elementos que a constituem. Tal conjunto deve estar disponibilizado em museus e espaços de passagem (ruas, parques etc.), não apenas por meio de sua exposição, mas também através de serviços educativos que as tornem mais efetivamente claras para o público – seu proprietário.
> (Tadeu Chiarelli, professor de História da Arte Brasileira da eca-usp, curador e crítico de arte)

Arte pública é arte de graça, é arte que você não paga para ver, é arte que as pessoas têm acesso sem ter de pagar ingresso. Arte pública é arte sem mercantilização. É aquilo que está na rua, na praça ou em exposição aberta. (Arnaldo Antunes, músico e poeta)

Em tese, toda arte é necessariamente pública. Da Grécia, passando pelas catedrais medievais e chegando aos museus modernos, a arte já nasce pertencendo a um espaço comum, onde o olhar plural de alguma comunidade reconhece sua razão de ser – seja da arte, seja do mundo em que se vive. Não há nada de "interior" na arte, ela é sempre pura exterioridade, negociando continuamente suas possibilidades de sentido. No último século, todavia, a arte foi sentindo a necessidade de explorar outros territórios, para além do espaço reservado dos museus e galerias e, com isso, foi se disseminando no espaço político das ruas, testando sua capacidade de intervir nas questões comuns da vida. Nessa atuação política, ela explodiu as garantias de sua especificidade, levando ao limite sua condição de arte. Nesse tornar-se sempre outra, seja no museu, seja fora dele, a arte contemporânea é mais pública do que nunca – mesmo com o risco de deixar de ser arte...
(Luiz Camillo Osório, crítico de arte, professor de Estética e História da Arte da Unirio)

Ao efetuar uma avaliação da enquete, a editora geral da revista *Trópico*, e também crítica de arte, Lisette Lagnado, considerou que no próprio meio onde o conceito surgiu existe ainda uma confusão generalizada entre definições diversas ligadas ao tema, que dizem respeito ao monumento público, às intervenções urbanas, aos modelos de exibição da arte e ao papel do arquiteto, além da presença de antigos dilemas entre espaços institucionais e "novos espaços", sobre a democratização do acesso à cultura e o reconhecimento da presença de agentes mercadológicos em praticamente todos os aspectos da arte.

Não obstante, por meio dessa pesquisa *on-line* verificou-se também, embora de modo subliminar, um desejo de deselitização da produção artística, de abri-la para a participação coletiva, em resposta aos modos de exclusão da população geral nos processos de livre fruição da arte, em curso na sociedade contemporânea. Apesar das diferenças conceituais e de opinião, artistas, curadores e arquitetos

os espaços da cidade   127

parecem estar unidos na defesa da interdisciplinaridade entre as esferas estéticas e sociopolíticas, debate esse que consequentemente envolve toda a sociedade.

Tal como se dá num *flashmob* ou numa performance de rua que visa intervir temporariamente no cotidiano da cidade, há também uma ampla gama de artistas-trabalhadores que fazem das ruas o seu ateliê, galeria ou palco: é o caso do grafiteiro, do mestre de mamulengo, do artesão que trabalha cestaria na calçada, do "homem do realejo", do palhaço que exibe sua graça num sinal de trânsito, do músico que apresenta um repertório instrumental, do teatrista lambe-lambe, do circense e suas proezas físicas, do retratista e/ou caricaturista, da estátua viva, do dançarino de *street dance*, do ator de teatro de rua e de muitos outros. Assim colocada, a questão da exclusividade da expressão arte pública – enquanto termo ligado inicialmente às artes plásticas – perde importância diante da amplitude que o desenvolvimento das artes na contemporaneidade vem propiciando nos últimos decênios, possibilitando abrigar, sob esta denominação, obras artísticas que se definem não por seu caráter de monumentalidade, mas, ao contrário, por sua efemeridade.

5 A Necessária Acessibilidade de uma Arte Que se Pretende Pública

Em 2007, José Francisco Alves abriu o 16º Simpósio de Artes Plásticas: Experiências Atuais em Arte Pública (Porto Alegre/RS) com a conferência intitulada "Arte Pública: Produção, Público e Teoria", na qual apresentou o conceito de arte pública a partir de duas características fundamentais que, segundo ele, determinam uma obra de arte como pertencente a este campo: "a localização das obras de arte em espaços de circulação de público" e "a conversão *forçada* desse público em público de arte".

Adotaremos esses dois importantes aspectos como ponto de partida na busca de referências que nos possibilitem qualificar o teatro de rua como arte pública. Dessa forma, acreditamos poder afirmar, sem medo de incorrer em equívoco, que, assim como as artes plásticas, também as artes cênicas podem ser consideradas arte pública quando realizadas de acordo com as categorias aqui examinadas, como é especificamente o caso da modalidade teatro de rua.

A primeira das características apontadas por Alves remete-nos diretamente à questão da acessibilidade. É importante, entretanto, que se tente delinear com mais precisão que tipo de "acessibilidade" é essa a que se referem os especialistas de tal campo de estudos, em particular aqueles consultados para o presente estudo. Trata-se da possibilidade de acesso físico? Econômico? Intelectual? Nesse sentido, a acepção da acessibilidade enquanto facilidade de contato físico com a obra de arte foi, aqui, predominante. Mas é possível alargar a compreensão desse aspecto.

No dicionário *Aurélio*, o substantivo designa a qualidade daquilo que é acessível. Já este adjetivo (do latim *accessibile*) admite vários usos: a. no sentido da facilidade de aproximação espacial/geográfica (ex: porto acessível a todo tipo de embarcação) ou psicológica (ex: professor acessível aos alunos); b. no sentido de posse ou obtenção (ex.: as entradas foram vendidas a um preço acessível); c. no sentido de compreensão ou inteligibilidade (ex: é um filme acessível a qualquer público); d. no sentido de fácil trato e comunicabilidade (ex: é pessoa muito acessível e simpática).

Também os substantivos *acessibilidade* e *acesso*, em que pesem as suas especificidades de uso dentro da língua, têm, não obstante, os mesmos desdobramentos de significação. Preferimos, contudo, limitar-nos ao exame da noção de acessibilidade sob o aspecto da sua objetividade, como no caso daquelas duas primeiras situações que se referem à facilidade de aproximação e posse/obtenção (acessibilidade física e acessibilidade econômica), ambas passíveis de avaliação por meio de instrumentos de mensuração e quantificação. É possível saber, de modo exato ou ao menos aproximado, os custos de uma produção teatral, o número de espectadores, as dimensões do espaço cênico, seja num teatro de palco, num cortejo ou numa roda ao ar livre; já a modalidade "intelectual" da acessibilidade, contudo, não constitui um parâmetro válido para o objetivo de definir o tipo de "acessibilidade" necessária ao espetáculo teatral de rua. Em primeiro lugar, pela subjetividade que a noção de inteligibilidade, ligada ao conhecimento intelectual, implica. Não julgamos ser possível medir, por critérios objetivos, a inteligibilidade de um espetáculo para o público, seja ele infantil, juvenil, adulto, analfabeto ou letrado, ou avaliar por esse caminho a possibilidade de fruição plena de um espetáculo de rua. E, em segundo lugar, porque o uso de tal critério levaria ao perigo de legitimação de uma postura de exclusão (daquele que é incapaz de alcançar intelectualmente "o" sentido de determinado espetáculo), o que é totalmente incompatível com a

os espaços da cidade 131

noção de acessibilidade irrestrita, aqui defendida, do teatro de rua como arte pública. Para o espetáculo de teatro de rua, seria irrelevante estabelecer parâmetros de acessibilidade na acepção intelectual, uma vez que a recepção nos espaços abertos da cidade se dá por múltiplos meios e em diferentes camadas de percepção de sentido.

É preciso examinar mais detidamente a natureza da acessibilidade do espetáculo teatral, porque este pode ser simultaneamente acessível num aspecto e inacessível, ou quase, em outro, incorrendo numa contradição que anularia a amplitude da acessibilidade irrestrita que reivindicamos para o teatro de rua, em sua condição de arte pública. Há momentos em que se pode observar facilmente a coexistência de diferentes tipos de acessibilidade numa mesma situação de apresentação de um espetáculo cênico. É possível até verificar diferentes níveis, ou certa gradação, iniciando-se da acessibilidade irrestrita do teatro de rua enquanto arte pública até a total restrição dessa qualidade, tal como ocorre em espetáculos pagos apresentados em espaços teatrais privados. Isso se dá, sobretudo, quando a acessibilidade física e financeira se defrontam, como exposto a seguir:

1. Espetáculo gratuito (financeiramente acessível) apresentado em espaço público, de circulação livre da população (na rua, sem elementos restritivos como cordões de isolamento, áreas *vip* ou outras demarcações de espaço); é a condição, por assim dizer, "natural" do teatro de rua, que caracteriza o que estamos denominando acessibilidade irrestrita.

2. Espetáculo gratuito (financeiramente acessível) apresentado em espaço semipúblico; ocorre quando uma encenação teatral é apresentada gratuitamente em espaços fechados (teatros municipais e outras salas fechadas, situadas dentro de prédios públicos). Trata-se de uma modalidade de apresentação quase sempre apoiada em políticas de incentivo ao teatro, formação de público etc., em que o público em geral (caso não seja um público específico a quem o espetáculo é dirigido, como alunos de escolas públicas) acaba tendo acesso parcial ao espetáculo, uma vez que este é pouco divulgado ou apresentado em dias e horários "difíceis", em que o cidadão comum está trabalhando.

3. Espetáculo gratuito (financeiramente acessível) apresentado em espaço público regido por critérios privados (o espaço público é

cercado por tapumes, cordão de isolamento, módulos de cerca etc.); essa situação caracteriza principalmente os grandes shows musicais promovidos por prefeituras municipais em festas comemorativas de grande porte (aniversário da cidade, datas cívicas). É também o formato preferencial atualmente adotado por algumas igrejas cristãs e evangélicas – concebidos como verdadeiros espetáculos da fé – que obtêm apoio de órgãos responsáveis para suas celebrações e acabam, muitas vezes, cerceando o espaço de circulação comum da cidade por criarem grandes problemas de mobilidade urbana, como congestionamentos e a ocupação desordenada de espaços públicos, que passam a servir de estacionamento.

4. Espetáculo gratuito (financeiramente acessível) apresentado em espaço privado. Ocorre, geralmente, quando uma instituição privada tem como objetivo promover uma imagem positiva junto a um público específico, por motivações sociais, educacionais e/ ou eleitorais. Nesse caso, é evidente que somente o público-alvo de interesse é beneficiado pelo acesso irrestrito.

5. Espetáculo pago (financeiramente restrito) apresentado em espaço público, em que o acesso é fisicamente limitado por meio de cercas, tapumes, catracas etc. Trata-se de uma situação que evidencia a privatização, pura e simples, do espaço público. É o caso dos espetáculos de grande porte que se caracterizam como shows midiáticos em que o público-alvo é o turista, como o Carnaval no Sambódromo do Rio de Janeiro, o Carnaval de Salvador, o Festival de Parintins e outras grandes produções empresariais apoiadas por órgãos públicos, como prefeituras ou secretarias municipais de cultura e turismo.

6. Espetáculo pago (financeiramente restrito) apresentado em espaço semipúblico (prédios públicos, como teatros municipais); é a circunstância mais comum, desde a instauração dos chamados "teatros públicos", que são, na verdade, espaços geridos por recursos públicos (teatros municipais, por exemplo), e cujo uso é, de fato, destinado apenas a uma pequena parcela pagante da população. Com exceção de projetos específicos que incluem variadas formas de contrapartida social (dias/horários a preços populares etc.), esses redutos da "alta cultura" tendem a comportar, em sua maior parte, produções grandiosas beneficiadas por mecanismos legais de renúncia fiscal.

os espaços da cidade   133

7. Espetáculo pago (financeiramente restrito) apresentado em espaço privado; essa situação é a que caracteriza o teatro empresarial de hoje, totalmente restrito em ambos os aspectos (físico e financeiro). Na prática, a categoria acaba sendo semelhante à anterior em seus resultados efetivos, no que tange à (falta de) acessibilidade para a população em sua totalidade.

Como consequência, nota-se que, de todas as situações exemplificadas, apenas a primeira – contemplada por artistas e grupos de rua –- atende plenamente ao critério de acessibilidade irrestrita, ou seja, é acessível física e economicamente a toda população.

Recordando que, de acordo com Alves, a segunda característica fundamental da arte pública é a "conversão forçada desse público em público de arte", consideraremos as reflexões do pesquisador André Carreira, em sua obra *Teatro de Rua: Brasil e Argentina nos Anos 1980,* quanto às relações existentes entre o teatro de rua e o público, que, na opinião do autor, são geradas pelas condições peculiares da apresentação da obra de arte – o espetáculo teatral – no espaço público da rua.

Analisando a rua como espaço de convivência, Carreira identifica duas tendências no comportamento do homem na rua: "A primeira é a atitude de respeito às regras sociais dominantes e a segunda é a abertura ao jogo e à liberdade de ação. O equilíbrio entre a atitude social dominante e o jogo é dinâmico e se modifica de acordo com os processos socioculturais do momento."[1] Além de ter-se estabelecido, desde a Idade Moderna, como o cenário preferencial dos grandes conflitos políticos e dos movimentos que, até hoje, determinam tais regras sociais, a rua ainda mantém o caráter de território lúdico, cuja experiência mais marcante é a liberdade de jogo experimentada pelo indivíduo.

Esse caráter paradoxal do jogo – simultaneamente ludicidade e interdição – é explicado também por Johan Huizinga, filósofo que observa que, embora essa atividade cumpra uma função básica na vida do sujeito individual, "não passível de definição exata em termos lógicos, biológicos ou estéticos"[2], ao mesmo tempo o seu fator lúdico é imprescindível ao desenvolvimento da cultura e da civilização.

Carreira situa essas análises no campo do jogo teatral na rua ao observar que, nesta, o jogo evolui da esfera

1. A. Carreira, *Teatro de Rua,* p. 38.
2. Cf. J. Huizinga, *Homo ludens,* p. 10.

individual, subjetiva, para a da vida coletiva e social, momento em que se torna uma manifestação transgressora, "porque a mobilização da energia lúdica coletiva questiona os códigos e as regras sociais estabelecidas"[3]. É sobre essa dinâmica de ruptura da ordem vigente que o teatro de rua irá atuar de forma contundente no espaço público ao criar um território lúdico em meio aos fluxos cotidianos e às convenções da cidade. O cidadão que interrompe o seu trajeto para assistir a um espetáculo (e é, por meio desse ato voluntário, convertido em público de teatro) torna-se, a partir desse momento, partícipe de um ato transgressor. E tal transgressão se torna ainda mais aguda se, além de simplesmente assistir, imóvel, de um local fixo, o espectador for levado a atuar, de algum modo, pela própria dinâmica do espetáculo. Ao deslocar-se para buscar um ponto de vista privilegiado, para escapar de uma cena que lhe pareça perigosa etc., ele reconfigura a lógica da cidade, cria para ela um novo traçado, encontra outras possibilidades que até então não constavam de seu inventário de funções cotidianas para a rua. Na reconstrução lúdica do espaço urbano, um poste de luz se transforma em totem; a faixa de pedestres, em um rio; um prédio é transmutado em precipício. O espetáculo transforma o familiar em desconhecido, trazendo para o pedestre incauto a possibilidade de recriar o mundo.

Como vimos, em sua vertente mais inovadora a arte pública inclui, além das obras permanentes – esculturas, murais, obras arquitetônicas –, também aquelas manifestações artísticas que se materializam como ação, envolvendo o espectador e o público em geral numa nova possibilidade de percepção do mundo[4], seguindo a tendência inaugurada pelas vanguardas artísticas do início do século xx, que foram radicalizadas nos anos de 1960, no Brasil e no mundo.

Nessa época, a experiência brasileira pontual que primeiro questionou a estaticidade da obra plástica foi a de Hélio Oiticica. Criando obras nas quais o espectador podia entrar, definindo dentro dele o seu próprio percurso, negou para o artista o papel de simples criador de objetos. Sua função seria a de propor práticas que levassem a reflexões e a obra de arte a uma situação a ser vivida. Na sua "arte ambiental", a obra existe apenas em potencial, dependendo da ação do espectador para tornar-se de fato "obra de arte".

3. A. Carreira, op. cit., p. 39.
4. V.C. Barcellos, Arte Pública, em J.F. Alves (org.), *Experiências em Arte Pública*, p. 62-69.

os espaços da cidade   135

Essa mudança de olhar inaugura, nas artes plásticas de nosso país, uma dimensão lúdica e relacional entre obra e espectador – dimensão que nunca deixou de estar presente no espetáculo de teatro de rua, pelo simples fato de que, enquanto obra de arte, este se materializa num espaço que é, pela sua própria conformação histórica e social, aberto ao jogo e à alteridade. E, nessa acepção abrangente de arte, explicita-se também o desejo de deselitização, de ruptura com os valores cristalizados do conceito de arte e um convite à criação de uma nova ordem social, aspectos que se encontram imbricados no espetáculo teatral de rua enquanto obra de arte que se realiza num espaço de jogo e cumplicidade lúdica entre espetáculo e público.

6 Caminhos da Arte Pública no Rio de Janeiro

No estudo *Espaço Cênico e Comicidade*, Ana Carneiro descreve os elementos estruturais que teriam contribuído para a formação de um discurso teatral resultante do encontro criativo entre a prática realizada pelo coletivo nos espaços "externos" (as improvisações realizadas nos espaços públicos do Rio de Janeiro) e as reflexões teóricas decorrentes dessa prática, ocorridas no espaço "interno" de sua sede.

Como atriz fundadora do Grupo Tá na Rua, ela relata que o trabalho na rua foi o fator responsável pela profunda transformação na visão de mundo de seus atores, jovens da classe média carioca, em sua maioria, que praticamente desconheciam a realidade mais global da cidade, pelo fato de terem um cotidiano circunscrito aos bairros e áreas urbanas mais valorizadas. Assim, de fator aparentemente circunstancial, a rua passou a ser o elemento definidor para o desenvolvimento da linguagem atorial desse coletivo, oferecendo um novo patamar de compreensão da cidade como um espaço cuja fala impõe ao teatro outra lógica de encenação, criada na relação efêmera com o público[1].

Roberto DaMatta oferece-nos, ainda, um esclarecimento para a importância que o deslocamento do grupo

[1] Cf. A. Carreira, *Procedimentos de um Teatro de Invasão*, *Cavalo Louco*.

Tá na Rua em direção aos espaços abertos da cidade operou sobre a construção de sua prática teatral. O antropólogo social propõe a utilização dos termos "casa" e "rua" como categorias sociológicas fundamentais para a compreensão da sociedade brasileira, pois considera que

> não designam simplesmente espaços geográficos ou coisas físicas comensuráveis, mas, acima de tudo, entidades morais, esferas de ação social, províncias éticas dotadas de positividade, domínios culturais institucionalizados e, por causa disso, capazes de despertar emoções, reações, leis, orações, músicas e imagens esteticamente emolduradas e inspiradas[2].

A tese do autor está baseada na ideia do espaço como construção social. Assim visto, o espaço se confunde com a própria ordem vigente na sociedade, que o ordena de diferentes modos, criando uma gramática espaço-temporal própria, articulada num todo coerente, onde convivem espaços "eternos e transitórios, legais e mágicos, individualizados e coletivos"[3]. Assim é que, no ocidente, os locais abertos e públicos dos centros urbanos (praças e adros das igrejas, por exemplo) estruturariam as relações conflituosas de poder entre o líder (religioso ou político) e o povo, servindo de ponto de encontro entre o indivíduo e a coletividade.

Dentro dessa gramática específica, a rua pode ser interpretada como o lugar onde as contradições da sociedade brasileira mais se acentuam; pois, se de um lado a rua é ao mesmo tempo o lugar "de ninguém" e de todos, repleta de fluidez e movimento, ela é também o espaço da individualidade, que deve estar submetida ao governo. A rua pertence tanto à esfera da indiferenciação do sujeito quanto ao rigor indiferenciado da lei sobre este. Aqui, a praça pública ocuparia um território especial, uma "espécie de sala de visitas coletiva", integrando parte de um dos espaços urbanos apontados por DaMatta, como aqueles destinados a fixar a vida social em um sistema de valores de poder supostamente eternos, como os adros das igrejas, dos quartéis e dos palácios.

Paradoxalmente ao caráter perene desses lugares, o pesquisador opõe a fugacidade da convivência em um espaço que acabou sendo subtraído do cidadão para

2. R. DaMatta, *A Casa & A Rua*, p. 15.
3. Ibidem, p. 43.

os espaços da cidade   139

entregá-lo ao trânsito de veículos, determinando para as ruas propriamente ditas uma função praticamente exclusiva de translado para o trabalho, nas por ele denominadas sociedades pós-industriais. Apenas nos momentos mais tipicamente coletivizados, como os das festas populares e das grandes manifestações políticas, é que a rua recuperaria a capacidade de ser verdadeiramente um "âmbito de comunhão e de encontro", semelhante à cidade do período medieval.

Numa importante reflexão sobre o conceito de teatro de rua, o pesquisador André Carreira, no texto "Reflexões Sobre o Conceito de Teatro de Rua", define a rua como espaço multifuncional que potencializa as manifestações públicas de caráter político e lúdico, pois nela o cidadão desfruta de uma liberdade que somente o anonimato pode lhe conferir, predispondo-o para a participação e o jogo coletivos. A partir dessa perspectiva, o teatro de rua poderia ser então considerado uma manifestação essencialmente transgressora, capaz de subverter a ordem social estabelecida e instalar no espaço urbano um território lúdico.

A questão do espaço público, em sua dimensão cênica, sempre esteve presente nas discussões desenvolvidas por Amir Haddad e o grupo Tá na Rua. O tema ocupa boa parte das reflexões que o diretor, mais afeito à cultura oral do que à palavra escrita, registrou em alguns dos poucos ensaios que escreveu ao longo de muitos anos de experiências teatrais em espaços abertos. Num desses trabalhos, intitulado simplesmente "Espaço"[4], Haddad fala de sua convicção de que os grandes dramaturgos de diferentes lugares e épocas, como Sófocles, Shakespeare, Ibsen ou Lorca, escreveram "para um espaço apropriado às suas ideias, seus sentimentos do mundo e do grupo social que seu teatro representava e cujos problemas discutia"[5]. Na concepção do diretor, o espaço onde o espetáculo se apresenta não se desvincula da realidade e nem da maneira de viver da sociedade onde está inserido, e é por essa razão que tal discussao é inesgotável e tampouco representa um simples modismo do século XX. "Que arquitetura seria capaz, hoje, de organizar o mundo para nele receber o teatro do mundo?", pergunta-nos, nesse texto breve, porém provocador.

Na mesma obra, Haddad discute as relações entre "o teatro e a cidade, o ator e o cidadão", em artigo

4. Em N. Telles; A. Carneiro (orgs.), *Teatro de Rua: Olhares e Perspectivas*.

5. Ibidem, p. 61.

que leva tal título. Nele, discorre não apenas sobre o longo processo vivenciado com o seu grupo até a opção pelo trabalho nas ruas, mas elabora, principalmente, uma vigorosa crítica ao modelo burguês da sala à italiana, estabelecendo como eixo central a questão do espaço cênico, segundo ele, reflexo de uma concepção de mundo e de sociedade. Tece, a partir daí, considerações acerca das raízes ancestrais do teatro, dos ritos, da relação com o público da rua, dos camelôs como a referência preferencial para a atuação nesse espaço. Sobre a questão do ator, afirma:

> A nossa atuação é uma rebeldia; é um abandonar o regime vigente e buscar outras possibilidades fora dos padrões tradicionais, da sociedade burguesa, que é privatizadora e especializadora. Resulta do pensamento que norteia nosso trabalho e que afasta a ideia de que só poucos são artistas e os outros são espectadores; de uma divisão do mundo entre passivos e ativos. Todos são sujeitos ativos; todos têm participação e interferem na história. Tiramos a ideia de privatização, transformamos nossas representações numa festa pública; e tiramos também a ideia de que só pessoas altamente especializadas podem fazer aquele trabalho.[6]

Haddad e o Tá na Rua descobrem nas ruas o poder da festa pública que o teatro confere ao cidadão, fenômeno urbano e coletivo que possibilita a este revelar-se artista, descartando os papéis cotidianos para desempenhar um único papel: "o de ser humano livre, criativo, fértil, transformador". Relatam, ainda, como a descoberta da teatralidade da cidade e daquele ator-cidadão os levou a conceber grandes cortejos dramáticos propostos e realizados em várias cidades do país por um longo período, contribuindo para o resgate daquela que, para eles, é a função pública original do teatro. Como o conteúdo dessas celebrações coletivas associava-se a festas religiosas ou cívicas, Haddad e sua equipe construíam como estrutura dramatúrgica grandes cortejos em que eram apresentadas as manifestações populares mais significativas da região, sobretudo danças dramáticas – Maracatu, Folia de Reis, desfile de Carnaval –, além de procissões católicas, como o Círio de Nazaré, a procissão de Nossa Senhora dos Navegantes, a procissão do Senhor Morto. O objetivo da reunião de todas as produções

6. Ibidem, p. 71.

os espaços da cidade 141

culturais possíveis era, nessas ocasiões, apresentar a cidade para si mesma por meio de um desfile de imagens e signos significativos. Denominando-as "liturgias carnavalizadas", Haddad resgatou para o teatro o sentido etimológico da palavra "liturgia", derivada de *lêiton* (povo ou público) e *érgon* (ação, obra), termos gregos que, juntos, deram origem a *leitourguía* (liturgia) – no sentido mais propriamente religioso/católico, uma "obra pública, ação realizada em favor do povo"[7].

Verifica-se, com base nessas considerações, que o discurso teatral do grupo Tá na Rua não foi construído simplesmente a partir da transposição de uma estética teatral já consolidada para o espaço aberto das ruas; ao contrário, resultou de uma práxis desenvolvida diretamente a partir do contato com os espaços públicos das cidades em suas dinâmicas próprias, constituindo, por esse motivo, um caso exemplar de arte pública.

O aprofundamento e as reflexões sobre a função pública da arte fermentam em reuniões semanais na Casa do Tá na Rua, onde passam a se reunir artistas, intelectuais, políticos e estudantes. É gradualmente constituído o Fórum de Arte Pública (FAP), assim apresentado à população da cidade através da distribuição do seguinte folheto nas ruas e praças do Rio de Janeiro:

Pequena explicação... ou comunicado à população!

Em 2009, o Rio de Janeiro foi confirmado como sede dos Jogos Olímpicos de 2016 e, logo em seguida, a Fifa divulgou que a Copa do Mundo de 2014 aconteceria no Brasil. Os governos do estado e da prefeitura anunciaram que a cidade viveria a sua "década de ouro", porque outros eventos, como as Olimpíadas Militares, o Rock in Rio e a visita do papa na Jornada Mundial da Juventude, já estavam agendados. Tudo isto atrairia grandes investimentos imobiliários, seriam realizadas grandes obras de mobilidade urbana, com o aumento do turismo internacional e, consequentemente, maior entrada de dinheiro no município, gerando desenvolvimento econômico e social para a região. Foram criados a SEOP – Secretaria de Ordem Pública – e o programa "Choque de Ordem", iniciando atividades de "limpeza e ordenação" de todas as vias e espaços públicos, com o objetivo de melhorar a "imagem" da cidade no exterior. A partir

7. Frei A. Beckäuser, *Os Fundamentos da Sagrada Liturgia*, p. 26.

de então, passaram a ser proibidas as atividades profissionais dos artistas de rua. Em 2011, alguns artistas da cidade se organizaram, passando a se reunir regularmente na Lapa, onde é criado o Fórum de Arte Pública. O movimento cresce e, com o apoio de um vereador, aprova a lei n.5.429/2012 – "lei do artista de rua" – que garante o livre exercício do ofício nas ruas e praças do Rio de Janeiro. Lei esta que, imediatamente, repercute em todo o país e cidades do interior, levando outros estados a buscarem também uma legislação semelhante. Hoje, o Fórum de Arte Pública mantém suas reuniões semanais e segue discutindo o lema "políticas públicas para as artes públicas", que se materializa no projeto "Arte Pública: Uma Política em Construção" por meio do qual, durante três meses, praças das regiões sul, centro e norte da cidade vêm sendo ativadas culturalmente, com apresentações diárias de artistas de diferentes linguagens: circenses, palhaços, músicos, estátuas vivas, caricaturistas, retratistas, realejo, lambe-lambe, bonequeiros, mímicos, dançarinos, cantores, capoeiras, entre outros. Para participar, estes artistas se cadastram nas próprias praças e participam das reuniões semanais do fórum, o que permite uma verdadeira prospecção cultural que já levantou a existência – somente nas suas três primeiras semanas – de mais de duzentos artistas de rua, e, logo, será possível saber e revelar toda a produção ativa de arte pública da cidade. Vendo e ouvindo os seus artistas, o Fórum de Arte Pública pretende, em breve, apresentar à prefeitura propostas concretas para as políticas públicas culturais para os espaços abertos e gratuitos que atendam à cidade e ao cidadão carioca.

Viva a arte pública!

Os acontecimentos em torno do Fórum de Arte Pública foram apresentados pela primeira vez, em nível nacional, por Amir Haddad, durante o IX Encontro Nacional da Rede Brasileira de Teatro de Rua, realizado na Aldeia Cultural Casa Viva (Teresópolis/RJ), em outubro de 2011. Um dos primeiros resultados do movimento foi a conquista da lei n.5.429, de 5 de junho de 2012, como fruto da mobilização dos artistas e coletivos de rua do Rio de Janeiro, numa grande disputa de pensamento com o então prefeito Eduardo Paes que, após vetar a lei, recuou na decisão diante da argumentação apresentada por Haddad.

Um segundo momento pontual do processo foi o do Seminário de Arte Pública Ano Zero, realizado no pátio externo do edifício

os espaços da cidade   143

Gustavo Capanema[8], no centro do Rio de Janeiro, em 27 de novembro de 2012. O evento constou como abertura do primeiro encontro do Iberescena – Fundo de Ajuda para as Artes Cênicas Ibero-Americanas, em que a Funarte atuou como anfitriã. A programação representou um panorama do estado da arte pública no país através da exposição dos trabalhos de alguns dos principais grupos de teatro de rua do Brasil, além de espetáculos e intervenções de artistas de rua do Rio de Janeiro. Houve debates com acadêmicos, teóricos, representantes do teatro de rua brasileiro e dos governos da Espanha e do México. Na plateia, estava presente a Comissão Internacional do Iberescena, composta por todos os países hispanoparlantes das Américas e do Brasil. Segue, na íntegra, o discurso de Amir Haddad apresentado por ele na abertura do Iberescena:

Há uma arte latente em toda a cidade que não se manifesta em sua totalidade por acharmos que a arte só pode se manifestar nos espaços a ela destinados. Assim, há uma arte imanente e pulsante na vida e no convívio urbano que não se manifesta livremente, porque tem de, necessariamente, ser encaminhada para o local a ela destinado, determinando muito de sua forma e, principalmente, de seu conteúdo. A essa possibilidade e manifestação humana espontânea na vida das cidades queremos chamar de arte pública. Arte pública é aquela que se manifesta em toda e qualquer parte da cidade, para todo e qualquer público, sem discriminação de nenhuma espécie e que não se compra e não se vende.

Sua vocação e natureza é deixar-se devorar pelo espectador com quem dialoga, e obedece ao impulso da mais generosa capacidade de doação do ser humano. Arte, portanto, é, por natureza do ser humano, obra pública feita por particular. Só se privatiza nos últimos quatrocentos anos, obedecendo à ética desenvolvida pelo pensamento mercantilista da burguesia capitalista protestante, mas não perde sua natureza pública, apenas a traveste em necessidade individualista, egóptica, voltada para o mercado.

O homem caminha para sua possibilidade pública, abafada por alguns séculos, mas agora insuflada pela necessidade absoluta de organização mais que perfeita das relações que se estabelecem entre o público e o privado. Qual é o equilíbrio possível? Estaremos perto disto? Longe disso?

Levantar a questão da arte pública e tentar discuti-la, também publicamente, é começar a buscar em nós mesmos as

8. Onde se encontram sediados, no Rio de Janeiro, alguns órgãos federais da Educação e da Cultura como a Funarte, por exemplo.

ferramentas necessárias para encontrar novas possibilidades ou, pelo menos, contribuir para isso. O futuro só acontece no presente.

Esta talvez seja a justificativa mais forte e determinante para a organização de um seminário para discutir estas questões e outras correlatas. Será apenas o início, mas poderá abrir espaços e perspectivas enormes para vivermos urbanamente, em comunidade.

Amir Haddad [9]

Participaram do Seminário de Arte Pública Ano Zero: Zeca Ligiéro (Unirio), André Carreira (Udesc), vereador Reimont (RJ), Tânia Farias (RS), Júnio Santos (RN), Lígia Veiga (RJ), André Garcia (RJ), Richard Riguetti (RJ), Hélio Fróes (GO), Chicão Santos (RO), Lindolfo Amaral (SE) e Marcelo Palmares (SP). O reconhecimento público, pela Funarte, do conceito de arte pública estimulou e reforçou a necessidade de se manter ativas as reuniões semanais, às segundas feiras, na Casa do Tá na Rua, hoje em plena expansão, embora passados vários anos desde o seu início.

Finalmente, com o I Festival Carioca de Arte Pública, em 2014, aparece mais um resultado concreto do FAP. Patrocinado exclusivamente com verba da prefeitura do Rio, o festival apresentou a Proposta de Políticas Públicas Para as Artes Públicas, com teor totalmente diverso daquele dos editais de seleção e das leis de renúncia fiscal. O texto impresso no folheto distribuído ao público do festival expôs ao público carioca:

> Como os nossos marinheiros, que há cem anos deixavam nossas costas sem saber a que costas chegariam, se é que existiam outras costas.
> Bertolt Brecht, Galileu Galilei

Não é por se chamar "Festival" que você vai imaginar que este é um evento onde vão se apresentar os melhores exemplares do momento da produção dos artistas públicos da cidade do Rio de Janeiro. Não!! É isto, mas também não é isto. É isto, porque o que há de melhor sempre há de aparecer. Mas não é isto, porque não só os "melhores" serão chamados, mas todos os que, de alguma maneira, exerçam algum tipo de atividade pública voltada para as pessoas nos espaços públicos da cidade. Do mais "insignificante" ao mais atrevido ou avançado.

9. Disponível em: <https://seminarioartepublica.wordpress.com/>.

os espaços da cidade   145

Qual o critério a ser adotado?

Critério: substantivo masculino. Capacidade de apreciar e distinguir o belo do defeituoso.

Pouco sabemos sobre o assunto e esta é uma primeira tentativa de levantar o universo que existe por entre as dobras das peles e as veias da cidade encastelada. Acreditamos que muita coisa poderá aparecer e muitas outras coisas poderão amadurecer. Nosso primeiro trabalho é tentar botar tudo, a seu tempo, para fora. E acompanhar os acontecimentos. Não determiná-los. O homem é filho da história, e não da ideologia.

Estamos num momento que chamamos de "tirar o tatu da toca". O que está amedrontado, tímido e descrente, impotente, e por isto entocado, será estimulado a deixar a toca. Confiante no mundo lá fora.

Pretendemos convocar a todos. Vamos nos ver, conhecer, trocar endereços, telefones, como antigamente. E nos organizar para vermos cada vez mais quais são os nossos possíveis e novos belos horizontes.

Não queremos selecionar. Só queremos mobilizar para conhecer. Portanto, não há critério.

Sinônimos de Critério: discernimento, juízo, raciocínio, segurança e sensatez.

Esperamos ter, depois de encerrado o "Festival", um conhecimento muito maior sobre o assunto.

Somos muito "antigos", cobertos por camadas e camadas de história, mas vivos. E somos muito "novos" para aqueles que nunca nos viram ou tiveram olhos para ver. Nossa ancestralidade é o que pode nos salvar da tragédia iminente de um mundo em clara e franca decomposição, onde o novo já nasce velho. A contemporaneidade faz um arco com a ancestralidade que nos permite ter forças e recuperar as esperanças. Voltar atrás para novamente avançar. Sem prejuízo para Mozart ou Shakespeare ou Molière, pelo contrário!!! Nem Sófocles ou Eurípedes.

Nosso "Festival" sem nenhum critério, a não ser público, estará lidando com essa questão. A Questão Cultural!

Amir Haddad

A proposta do Festival trouxe à tona a discussão sobre o retorno social dos investimentos feitos como arte pública e como arte privada pelos gestores da cultura, patrocinadores e apoiadores; e uma reflexão sobre a função da arte pública na cidade e na sociedade. Dessa reflexão coletiva, conclui-se que o Estado tem como dever financiá-la, assim como se dá com o transporte público, a saúde pública, a educação pública e todos os outros serviços que foram criados para o bem comum do cidadão.

As ideias do Fórum de Arte Pública reverberam ainda hoje, não só na cidade do Rio de Janeiro, tendo sido assimiladas por outras cidades. As leis do artista de rua se multiplicaram pelo país após a mobilização de grupos e artistas de rua nas cidades de São Paulo, Teresópolis, Nova Friburgo, Porto Alegre, Brasília e Londrina. O Sesc, a Funarte, a Secretaria Municipal de Cultura do Rio de Janeiro, e a de Niterói, dentre outras instituições públicas e privadas, têm, atualmente, programas específicos para as modalidades artísticas agrupadas sob essa denominação.

Além disso, o termo arte pública foi agregado ao campo educacional e já aparece em materiais didático-instrucionais produzidos pela Secretaria de Estado de Educação do Rio de Janeiro (SEEDUC-RJ); os professores de Arte que atuam nessa rede oficial de ensino discutem com os seus alunos as questões pertinentes à arte pública através dos documentos norteadores[10] da Educação Básica no estado, dos livros e mídias digitais elaboradas especialmente para a área e distribuídos nas escolas públicas, e como conteúdo programático dos cursos de formação continuada em Arte, que vêm sendo oferecidos regularmente, desde 2014, aos docentes da rede estadual.

10. Currículo Mínimo de Arte, que dá as orientações para o ensino dessa área de conhecimento em diferentes modalidades: Ensino Regular (Fundamental e Médio), Normal e Educação de Jovens e Adultos (EJA).

7 A Crise no Teatro

A Ao lado das proposições teatrais inovadoras que alimentaram todo o século xx, vez por outra emergem nos textos de alguns pensadores do teatro ocidental discussões sobre a "crise da representação" ou a "explosão do espaço teatral", sob as quais subjaz a ideia de uma crise no teatro. Para finalizar este volume, destacamos a importante contribuição do filósofo francês Denis Guénoun como suporte teórico para as reflexões finais sobre o teatro de rua em nosso país. Em suma, o que Guénoun afirma na obra *O Teatro É Necessário?* é que, diante da suposta "crise" do teatro ocidental que o autor expõe e analisa, existe uma saída... para o espaço aberto das ruas! Porém, antes de apresentar o raciocínio que conduz o autor a essa conclusão, cabe aqui, uma breve introdução ao tema.

De fato, a questão abordada pelo autor parece ultrapassar o século xx. Margot Berthold também comenta a esse respeito: "Já Sêneca, em Roma, e Lessing, em Hamburgo, questionaram o sentido e a forma do teatro de sua época."[1] A historiadora sublinha o diagnóstico pessimista que, para ela, é apresentado desde os anos de 1950 pelos mais diferentes campos teatrais, e coloca o Teatro do Absurdo,

[1] M. Berthold, *História Mundial do Teatro*, p. 521.

148

de Ionesco, como a consequência lógica de um teatro perdido entre inúmeras contradições e "desligado de suas raízes religiosas, metafísicas e transcendentais", onde "o palco torna-se um espaço sem nenhuma referência identificável, o pesadelo visível da vacuidade".

Para Berthold, o teatro de nosso tempo apresenta, de fato, razões para se entrever uma situação de colapso, uma vez que, como parte integrante da sociedade, está também sujeito à ação fragmentadora do mundo atual. Ainda assim, encerra o seu livro com uma afirmação que tenta ser otimista: "Enquanto as plateias não esquecerem de que são parceiros criativos no teatro e não apenas consumidores passivos, enquanto afirmarem o seu direito de participar espontaneamente do espetáculo mediante sua aprovação ou protesto, o teatro não cessará de ser um elemento excitante em nossa vida."[2]

Embora esperançoso, o discurso de Berthold apresenta uma contradição: como as plateias podem se esquecer de que "não são apenas consumidores passivos", se a concepção mercadológica da arte que acompanhou o desenvolvimento do teatro empresarial em nossos dias afirma justamente o contrário? Como pode o espectador das salas teatrais convencionais "participar *espontaneamente* [grifo nosso] do espetáculo mediante sua aprovação ou protesto", se o simples ato de participar do evento teatral exige dele uma adesão consentida a todo um código de conduta que irá nortear cada elemento de seu comportamento, cada gesto realizado dentro da sala de espetáculos?

Jean-Jacques Roubine assevera, igualmente otimista: "Nunca o teatro na França foi tão próspero. Desde os anos de 1950, uma política cultural foi mantida, independentemente das orientações dos sucessivos governos."[3] E ainda argumenta que tal política tem permitido, desde então, a implantação de companhias teatrais estáveis por todo o seu país, consolidando o modelo teórico do teatro popular – o "teatro serviço-público", na denominação utilizada antes por Jean Vilar. Por isso, considera que a propalada "crise do teatro" não vai além de "uma espécie de figura retórica convencionada em um discurso de reivindicação que busca atrair o favor e a ajuda públicos"[4]. Mais à frente, contudo, o estudioso admite a existência de "uma espécie de anemia" no teatro francês, no período em torno da passagem do milênio. E lamenta que a geração dos anos 2000 se mostre, em sua opinião, inca-

2. Ibidem, p. 539.
3. J.-J. Roubine, *Introdução às Grandes Teorias do Teatro*, p. 199.
4. Ibidem.

os espaços da cidade 149

paz de substituir a vitalidade dos então jovens diretores dos anos de 1960, como Planchon, Chéreau e Ariane Mnouchkine. "Será que as novas gerações estão se desviando da arte do teatro?"[5], pergunta, imprimindo à questão certo ar de saudosismo. Roubine parece não encontrar saída fora das categorias tradicionais que o teatro da "era da cidadania burguesa"[6] construiu para legitimar a si mesmo: palco, diretor, ator, dramaturgia.

O que prevalece, em sua análise, é a constatação de que hoje não é mais a reflexão teórica o que levaria a coletividade teatral a *polemizar* – atividade esta imprescindível ao desenvolvimento de novas possibilidades –, mas, antes, uma espécie de elaboração de modelos particulares, construídos para o uso de cada diretor. E explica esse enfraquecimento do discurso teórico pela relação, segundo ele também enfraquecida, dos "mais jovens" com a palavra escrita. Será que aqueles que publicaram textos sobre o teatro o fizeram em decorrência do fato de pertencerem, como sugere, "a gerações que conservaram o gosto e o culto do texto"?

Em 2001, aparentemente, Roubine ainda parecia estar aguardando com ansiedade as reflexões teóricas dos novos diretores sobre o teatro do século XXI. Mas, como comenta adiante, "essa geração trabalha muito, e de maneira contínua", o que revelaria, em sua opinião, talvez uma nova tendência: a de propor discussões ancoradas exclusivamente na prática. Além disso, alerta, foi-se formando entre os encenadores dessa nova geração uma mentalidade de "legitimidade de princípio" para um teatro cuja heterogeneidade excluiria a necessidade de teorizar. Num momento em que "coabitam pacificamente as ideologias mais diversas, em que elas se contaminam uma à outra relativizando-se reciprocamente", teorizar significaria, talvez, "retroceder às legitimações ideológicas"[7].

Sem abordar a questão diretamente no campo teatral, Jacques Rancière se debruça sobre a questão da multiplicação dos discursos sobre a crise da arte que, segundo ele, adquiriu força a partir das teorias e experiências vanguardistas de fusão entre a arte e a vida. O filósofo procura subsídios para demonstrar que essa discussão, em si, indica que, "hoje em dia, é no terreno estético que prossegue uma batalha ontem centrada nas promessas da emancipação e nas ilusões e desilusões da

5. Ibidem, p. 201.
6. Cf. M. Berthold, op. cit.
7. J.-J. Roubine, op. cit., p. 202.

história"[8], e explica que seu objetivo é instaurar não a polêmica, mas um debate a longo prazo a respeito do termo "estética", para redefinir certas noções equivocadas que, para o autor, perduram nos discursos mais recentes sobre a arte.

A estratégia adotada por Rancière é propor um deslocamento do eixo central dessa questão, argumentando que, se existe uma "crise", não é a da arte propriamente dita, e sim a de certa forma de pensamento sobre a arte, de uma maneira de pensar que, em última análise, determina os modos dominantes de se conceituar, qualificar, valorizar (ou desvalorizar), analisar e fazer aquilo que se convencionou chamar de "arte". Ao "tipo específico de ligação entre modos de produção das obras ou das práticas, formas de visibilidade dessas práticas e seus modos de conceituação"[9], Rancière define como *regime*.

Como resultado lógico desse deslocamento de raciocínio é possível constatar, por exemplo, que as consagradas categorias de modernidade, vanguarda e pós-modernidade confundem historicidade e diferentes regimes de pensamento, não sendo suficientemente esclarecedoras para se pensar as novas formas de arte que surgiram no século xx. Para o teórico, o que se chamou comumente de "crise da arte" – sobretudo nas últimas décadas – é nada mais que a derrota do paradigma modernista simples que prega "a autonomia da arte, a revolução antimimética, a conquista da forma pura"[10].

As reflexões de Rancière sobre a arte são pertinentes às lutas travadas atualmente em várias esferas pelos teatros de rua em todo o país, porque propõe uma mudança de paradigma sobre a arte – e, por decorrência, sobre o teatro –, salto qualitativo sem o qual não é possível encontrar para a modalidade uma "linha de fuga"[11] dos modelos hegemônicos que o excluem de seus discursos de legitimação. Se o teatro de rua é "marginal", Rancière ajuda-nos a perguntar qual ponto de vista se está considerando o "dentro", o "fora" e a "margem" na estrutura de pensamento que define os limites de tal marginalidade. Rancière inverte, portanto, um raciocínio cristalizado no teatro ocidental, que os grandes encenadores do século xx tentaram, de diversas formas, modificar.

Notáveis reformadores, porém não revolucionários, os proponentes de novos teatros (Stanislávski, Piscator,

---

8. J. Rancière, *A Partilha do Sensível*, p. 12.
9. Ibidem, p. 28.
10. Ibidem, p. 38.
11. Cf. G. Deleuze; F. Guattari, *Mil Platôs*.

os espaços da cidade   151

Meierhold, Brecht, Rolland, Copeau e outros expoentes do teatro ocidental), mantiveram-se fiéis ao que ele define como "regime poético ou representativo" de pensamento sobre o teatro, ao não abrirem mão dos códigos que identificavam suas obras dentro de um gênero classificável (clássico, dramático, político, épico, popular e assim por diante), que é o modo de funcionamento característico desse regime. Eles propuseram mudar as formas, as técnicas, as estéticas, o ator e até o espaço cênico; mas não o regime de pensamento que construiu seus objetos de investigação. Por isso, não alcançaram a metamorfose com que sonhavam.

Mesmo as experiências teatrais mais radicais, realizadas com o intuito de "devolver" o teatro ao povo – como o seu legítimo dono –, curiosamente não abriram mão dos espaços fechados e suas bilheterias (os chamados "teatros públicos"), esquecendo que a arquitetura desses espaços, em suas variações, foi pensada para atender uma classe social específica: a burguesia, num caso; o proletariado, noutro. Nesse sentido, o teatro de rua estaria ocupando uma posição-chave no panorama geral da arte na contemporaneidade ao propor uma experiência artística, relacional, cultural e política de natureza essencialmente *pública*. Se se pensa em uma nova sociedade, não se deveria também pensar em novas configurações cênicas, capazes de efetivamente subverter as velhas relações de poder entranhadas no corpo de seus respectivos espaços físicos?

Em 1991, Denis Guénoun escreveu um ensaio em que desenvolve a ideia de que a experiência teatral requer, para sua realização, uma reunião de espectadores – "um público, coletivo, efetivamente reunido"[12] – convocada publicamente, uma vez que o teatro é, nessa perspectiva, uma atividade essencialmente *pública*. Ele explica ainda que o processo histórico no ocidente tratou de deslocar o sentido da palavra "teatro", que, em grego – *théatron* –, referia-se às arquibancadas onde se acomodava o povo, para somente depois designar a área de representação e o conjunto arquitetônico que a envolve, tal como o fazemos hoje. Mas, no começo, o teatro era o lugar do público – do público reunido, formando a assembleia de espectadores.

Em função da natureza essencialmente pública do teatro, Guénoun formula a tese de que "a convocação, de forma pública, e a realização de uma reunião, seja qual for o seu objeto,

12. D. Guénoun, *A Exibição das Palavras*, p. 13.

é um ato político"[13], observando que é a natureza coletiva do teatro enquanto assembleia, reunião pública, ajuntamento, ou seja, a sua constituição "física" a característica fundamental que faz dele uma atividade intrinsecamente política. Segundo Guénoun, o princípio político do teatro vai sendo esquecido à medida que o palco vai-se iluminando, em oposição à penumbra à qual a plateia é gradualmente sendo deixada; o próprio teatro se esquece de que o que é "político" nele não é o representado, mas a própria representação.

O ato político de convocar para uma representação pode chamar para muitos locais geograficamente distintos, mas é sempre política a escolha desse lugar, a composição e forma da assembleia, pois "cada uma destas características traduz uma relação muito precisa com a organização da cidade e formula uma espécie de discurso em relação a ela – consciente, deliberado, explícito ou não"[14]. Guénoun chama a atenção para o fato de que o lugar da representação – por ser sempre uma opção, em última análise, política – ordena, prescreve e dirige o representado. As condições espaçotemporais da convocação para a assembleia do teatro são, no seu entender, "as primeiras marcas da política", sendo a arquitetura aquela arte arquipolítica que ordena o teatro em primeiro lugar. E afirma: "Pensar o teatro a partir de descrições do que acontece em cena, ignorando o que a existência, a forma, o lugar, o volume desta cena devem a uma construção – que não é universal e não é óbvia – é pensar o teatro esquecendo a política que o ordena – a prescrição, a convocação política que o põe em cena."[15]

Vimos, nas provocativas afirmações de Guénoun, que aqui se encontra, talvez, o equívoco dos grandes encenadores-reformadores do teatro ocidental do século xx. A despeito de suas intenções revolucionárias e das inovações estéticas do palco – o *representado*, portanto –, ao manterem as suas propostas teatrais dentro da arquitetura do edifício teatral convencional, preservaram inadvertidamente as marcas primárias de uma política elitista e excludente, concretizadas no próprio lugar escolhido para a representação.

Em *O Teatro É Necessário?*, obra mais recente, Guénoun parte do reconhecimento declarado de que há uma crise no teatro de sala. E não se trata apenas de uma opinião, mas, para ele, de pesquisas que mostram um encolhimento da atividade e do seu público, que diminui a cada ano. O autor arrisca

13. Ibidem, p. 14.
14. Ibidem, p. 16.
15. Ibidem, p. 17.

os espaços da cidade 153

apontar como razões a perda das funções que até recentemente sustentaram o teatro: primeiro, por não ser mais o signo dos poderes dominantes como outrora e, depois, por ser hoje um "órfão das revoluções". Além disso, suas formas de representação teriam se tornado obsoletas perante o cinema, a televisão e as novas mídias. Mas, comenta também que, por outro lado, paradoxalmente, o teatro ganha espaço a cada dia: na proliferação dos teatros públicos e nas companhias que os ocupam, nas "legiões de aspirantes à vida teatral", nas atividades em escolas, prisões, hospitais, bairros em situação de risco social, dentre outras.

A crise se instala, como supõe, justamente na tensão entre esses dois polos de movimentos contrários: "É evidente que estas duas tendências praticamente não se cruzam: o crescimento vertiginoso do número de atores potenciais não produz uma ampliação concomitante do público, assim como a rarefação do público não acarreta a queda na frequência de cursos e oficinas."[16]

Para Guénoun, o problema é constituído por dois componentes que nem sempre são observados, e dizem respeito à natureza dual do teatro: "o teatro não é uma atividade, mas duas. Atividade de fazer e atividade de ver". Tempo e espaço compartilhados por aquele que faz e aquele que vê seria a condição imposta pelo teatro que, no momento atual, contudo, está marcada pelo divórcio: "aprofunda-se a separação entre o teatro que se faz (ou que se quer fazer) e o teatro que se vê (ou que não se quer mais ver)". Por isso, ele interroga a necessidade do teatro enquanto propósito da vida coletiva, e não para si mesmo: "Esta será nossa preocupação, nossa busca: a que necessidades responde (eventualmente) o teatro? Necessidades de que e de quem?"

Guénoun cita d'Aubignac que, já no século XVII, respondia a essa questão afirmando que o teatro ultrapassa a representação em si para corresponder à necessidade dos governantes, assim os espetáculos "participam de um coroamento da ação de governo pela outorga de prazeres coletivos"[17]. No entanto, o espetáculo oferece também um meio eficaz de instrução ao povo incapaz de abstração e especulação teórica: "as máximas da moral são desprovidas de eficácia direta, autônoma, sua ação é condicionada pela cultura dentro da qual elas são recebidas". A vantagem

16. Idem, *O Teatro É Necessário?*, p. 13.
17. Ibidem, p. 51.

do teatro, para o pensador, estaria no fato de que nele a moral incide diretamente sobre os sentidos, sem a mediação abstrata da razão. Ou seja, é a estética que se encarrega de ensinar as verdades que o governo necessita incutir no povo, mas não consegue por meios intelectuais. Estaria aí, portanto, o fundamento de um "teatro para o povo" em suas diversas formas que, não obstante esteja imbuído das mais nobres intenções, apenas em teoria uniria atores e espectadores.

Guénoun indica que sensibilidade e razão estarão, daí para frente, tão separadas quanto cena e plateia, engajadas numa espécie de luta entre a razão (da primeira) e a opinião (da segunda). Cresce o abismo entre ator e espectadores; a assembleia concreta de indivíduos singulares do espaço público é substituída, agora, pela figura do "espectador", o habitante por excelência do espaço privado do teatro de sala. A partir dessa cisão fundamental, será experimentado um cada vez maior afastamento e gradual "apagamento" do espectador dentro do contexto da representação até a sua máxima versão, o cinema, na qual é literalmente extinto em favor da personagem, transformada em imagem na tela, completamente independente. Para Guénoun, é a chamada "sétima arte" aquela que atualmente satisfaz às necessidades de identificação do espectador. Todavia, se o teatro subsiste a isso, "é porque sua necessidade se inscreve não mais neste regime de representação, mas em outro lugar" e "sua função profunda não é mais colocar frente a frente a personagem e o espectador"[18].

À luz dessa hipótese, o que resta ao teatro além daquelas entidades fantasmáticas – personagem e espectador – que construiu, mas que lhe foram retirados? Guénoun responde: o jogo do ator! É o jogo que habita o espaço cênico. O teatro não necessita mais da "criação de papéis", como formulou Constantin Stanislávski em sua obra *A Criação de um Papel*, e sim de "fazer viver o jogo". Qual seria, então, a natureza desse jogo, elemento fundamental da necessidade do teatro, hoje? Qual seria a lógica do jogo atorial? Quais as suas características? Em primeiro lugar, ele indica o requisito da presença física. A exibição do próprio corpo, a integridade da presença como exigência não representativa, mas apresentativa[19] de uma verdade física. Daí a busca que Grotowski, no seu livro *Em Busca de um Teatro Pobre*, chamou de "desnudamento de si", que se revela, contudo, como

18. Ibidem, p. 130.
19. Ibidem, p. 133.

os espaços da cidade   155

jogo. Essa primeira condição de instauração do jogo arrasta consigo todas as exigências da cena: "a profundidade ou leveza da voz (mas que rejeita a voz encorpada, sempre plena, causa da dicção 'redonda' dos cantores); a disponibilidade para o jogo com os companheiros de cena; a aceitação dos imprevistos e, sobretudo: a graça, a não afetação, o ser jubiloso, digno, aberto, livremente tenso"[20].

Mesmo a palavra ocupa um lugar especial dentro do jogo teatral, onde "a verdade do texto teatral é, desde então, intempestivamente poética". A exibição das palavras no jogo assume tal alcance no teatro atual que "os atores voltam a ser rapsodos", porém, o que passa a ser exposto são os recursos físicos da língua e não propriamente o texto enquanto discurso inteligível. O jogo, diante do espectador, exibe-se de modo ostensivamente concreto e prático, com atores-jogadores que aplicam todos os possíveis recursos à exigência de uma exibição íntegra e honesta, quando ética e técnica são o amálgama de uma verdade "cenicamente viva".

Hoje, diz Guénoun, os espectadores de teatro desejam ver um espetáculo e não uma "peça"; não esperam seguir o desenrolar de uma história, com situações e personagens em conflito, mas acompanhar a teatralidade em sua operação própria. Se a plateia não é mais a multiplicidade orgânica da antiga assembleia grega, também não é mais a plateia exclusiva da nobreza. Reflete ele tratar-se de uma aglomeração de pessoas que está ali para *experimentar* o espetáculo. Os espectadores do teatro-jogo são também jogadores em potencial, desejam compartilhar o jogo dos atores. Por isso, conclui, "os teatros se esvaziam, enquanto um imenso desejo de teatro, aberto, pateia, impacientemente, às suas portas"[21]. Guénoun procura, então, os meios de recuperar um teatro que imagina letárgico, quase em extinção, e discorre sobre os procedimentos que, a seu ver, devem ser adotados: abrir a cena à vida externa ao palco; expor-se; repensar a questão da gratuidade; mudar de "terreno".

O curioso, aqui, é que as medidas prescritas pelo teórico apresentam em seu cerne as características essenciais do teatro de rua! Pelo fato, talvez, de ter-se mantido fora do edifício teatral – e, juntamente com isto, externo a todo o seu conjunto de conotações –, este tenha permanecido, também, distante do alcance daquela cisão fundamental entre cena e espectadores

20. Ibidem, p. 134.
21. Ibidem, p. 151.

que indica como a causa primeira da crise. E é isso o que mais nos chama a atenção nas reflexões de Denis Guénoun: o teatro de rua, ao que se saiba, nunca esteve "em crise". Ao contrário; pelo menos no Brasil, parece estar se desenvolvendo mais e mais a cada dia, ousando refletir sobre os próprios pressupostos e fortalecendo seu discurso em prol da luta pelo direito de ocupar espaços – físicos e simbólicos – da sociedade.

Teatro(s) de Rua e Suas Múltiplas Dimensões

uando o projeto deste livro foi delineado, acreditávamos estar dando prosseguimento a nossas reflexões iniciais sobre uma modalidade teatral, mas, à medida que avançamos, deparamo-nos com inúmeras formas e conteúdos, presentes nas mais diversas manifestações artísticas que encontramos nas ruas. Dessa forma, a partir do que foi apresentado, consideramos ser necessário pensar o teatro de rua como um conceito plural estreitamente ligado a uma proposta ética e estética e a uma visão de mundo, não como uma modalidade cênica única cujo perfil pode ser delimitado temporal e geograficamente – o que tem gerado, por consequência, definições restritivas e datadas como se dá, por exemplo, ao se cristalizar uma relação unívoca do termo com noções específicas como "popular" ou "militante" –, mas como um *campo de estudos* que agrupa diferentes linguagens e expressões, como o circo, o teatro popular, as performances culturais, o teatro de bonecos, de intervenção urbana, de invasão, o mamulengo etc. Daí, reconhecendo essa abrangência, passamos a perceber o fenômeno como *teatro(s) de rua*, uma vez que o que tem sido definido em nosso país como "teatro de rua" reúne, hoje, tudo isso.

Presenciamos, no Brasil, a eclosão de inúmeros eventos de teatros de rua: seminários, festivais, encontros, feiras e mostras locais, nacionais ou internacionais, realizados nas cinco regiões do país e atuando fortemente na produção de conhecimento, nas disputas pelo espaço público, na busca da concretização da utopia de viver com liberdade nos espaços possíveis, urbanos ou não. Visitamos e acompanhamos muitos deles e, nesses percursos, observamos que cada um desenvolveu, com as suas características singulares, a sua própria identidade. Do sertão dos Inhamuns cearenses à Serra Gaúcha, do Pantanal mato-grossense aos barrancos do Madeira e margens do Rio Branco, voando com os pássaros do Teatro da Floresta no Pará ou passando pelos mamulengos recifenses; seja fazendo escambos no Nordeste ou assistindo aos autos capixabas, teatristas de rua de todas as regiões do país vêm-se apropriando da ideia política do teatro de rua como arte pública, e inserindo em suas programações danças dramáticas dos Bois-Bumbás e quadrilhas juninas, intervenções urbanas, grupos de dança-teatro, palhaçaria, circo, performances, instalações e muitas outras manifestações artísticas.

A mais recente edição do Amazônia EnCena na Rua – Porto Velho/RO, por exemplo, propiciou, em 2015, não somente um panorama dessas modalidades como ofertou oficinas de Teatro de Invasão, Teatro do Oprimido, Teatro de Bonecos e Animação e de Commedia dell'Arte. Apenas com o intuito de ilustrar o exposto, separamos à revelia alguns desses eventos, mesmo sabendo que, diante de tamanha variedade, seja natural que se mostrem distintos e particulares tanto em suas formas de organização e produção quanto no financiamento. Não cabe a nós fazermos juízos de valores, comparação ou mérito, mas traçar um esboço do cenário brasileiro da atualidade, conscientes de não nos ser possível falar de todos. Logo, assumimos as limitações dos critérios aqui adotados. Faz-se necessário, contudo, sublinhar que foram concebidos e realizados por grupos e artistas de rua.

A região norte do Brasil vem, nas últimas duas décadas, atraindo grupos de todo o país para seus festivais. Dentre estes, destacamos os seguintes:

Amazônia EnCena na Rua

Idealizado e organizado pelo grupo O Imaginário, em Porto Velho/RO, teve a sua primeira edição no ano de 2008, na Praça das Caixas d'Água, e, no ano seguinte, se expandiu e ocupou o Complexo Cultural Arena Madeira-Mamoré. Em função da arquitetura e da capacidade do anfiteatro, a média de público estimada em cada edição é de 25 mil espectadores. O evento foi criado para atrair as atenções do Brasil para aquela região fronteiriça com a Bolívia e que não recebe regularmente apoio das políticas públicas. O grupo anfitrião garantia a hospedagem e a alimentação através das verbas prometidas das secretarias de estado e município ou dos editais da Funarte, mas, por causa de irregularidades que ameaçavam constantemente a concretização do festival, provocando a inadimplência da pessoa jurídica de O Imaginário e a precariedade dos serviços contratados, o Sesc, até então somente apoiador, assumiu a partir das suas três últimas edições a função de realizador, garantindo a sua permanência no calendário nacional. Chicão Santos, seu idealizador, e O Imaginário passaram a ser apoiadores do evento.

Festival Matias de Teatro de Rua

Realizado no estado do Acre, foi pensado pela Cia. Visse & Versa para homenagear um importante ex-integrante do movimento teatral local, que inseriu o teatro popular e comunitário na agenda cultural da cidade. O Festival Matias incluiu na sua programação as encenações de "casamentos" das quadrilhas juninas e trouxe oficinas de percussão, circo e palhaçaria na sua última edição. Conta com o apoio do Sesc local e foi patrocinado pela Uninorte – instituição de educação superior – e Via Verde Shopping – centro de compras do Acre. Além das praças, comunidades e ruas de quatro cidades acreanas, o Matias também utilizou a praça de alimentação desse shopping para suas apresentações.

Festivais da Região Sul

A região Sul tem grande tradição na organização de festivais, como o Filo – Festival Internacional de Londrina (PR), Festival de Curitiba (PR), Porto Alegre em Cena (RS) e alguns que não mais se realizam, como o Festival de Bonecos de Canelas (RS). Foi a partir da observação dos artistas como espectadores desses encontros que surgiram vários grupos de rua com alta qualidade técnica, como o Ás de Paus, de Londrina/PR e o De Pernas Pro Ar, de Canoas/RS, segundo declaração de seus integrantes.

O MARL – Movimento de Artistas de Rua de Londrina vem realizando encontros e festivais de teatro de rua nos últimos três anos, movidos pela articulação política com a RBTR. Surgiu com o objetivo de reunir artistas de todas as áreas que desenvolvem o seu trabalho em espaços públicos. O movimento visa estimular discussões artísticas e políticas referentes, principalmente, à cidade de Londrina, possibilitar a troca de informações e experiências, solidificar parcerias a fim de promover ações político-culturais e garantir o intercâmbio entre os artistas londrinenses e movimentos culturais brasileiros.

Festival Internacional de Teatro de Rua de Porto Alegre (Fitrupa)

Em 2009, o Fitrupa teve a sua primeira edição. O seu idealizador, Alexandre Vargas, ex-integrante do grupo Falus & Stercus, afirma que a produção das manifestações cênicas de rua cresceu em média 20% nos últimos dois anos, no Rio Grande do Sul. Com base no número de espetáculos inscritos para o processo de seleção, somente nesse evento, houve um crescimento de cerca de 50%: ao todo, foram feitas 350 inscrições de 24 Estados e 11 países. Nas sete edições, o Fitrupa nunca repetiu um único espetáculo, sendo que, na última, foram 26 grupos realizando 76 apresentações em 27 bairros. Os números são impressionantes também quando se analisa o crescente público.

teatro(s) de rua e suas múltiplas dimensões   161

O seu coordenador credita esse aumento aos eixos do festival que se interligam: ações formativas, ações reflexivas e apresentações artísticas. Na sétima edição do evento, Vargas publicou no sítio eletrônico:

> A programação foi construída buscando instigar novos modelos de estímulos sensoriais, desenvolvendo os sentidos dos espectadores e ampliando os campos de recepção para provocar sentimento de prazer em interagir com a manifestação artística em Porto Alegre. As obras foram capturadas nos mais distantes espaços e realidades e reinseridas num novo contexto, fazendo-as migrar para a centralidade de outros olhares e revelando um teatro fundado e articulado com os espaços públicos e com as mobilidades sociais que inventariam a memória passada e que prospectam a memória futura.
>
> Esse recorte conceitual suscita uma indagação que ressoa na cabeça e sugere pistas sobre um Brasil contemporâneo, um caleidoscópio de estranhamento tomado por lutas de contrastes e vínculos negociados que revelam camadas de significação das obras e suas interfaces, como *site-specific performances*, *environmental theatre*, arte pública, teatro de invasão e teatralidade. No entanto, cabe a cada um traçar e costurar essas narrativas à sua maneira.[1]

O Fitrupa é financiado pela lei de renúncia fiscal e tem como patrocinadores três empresas públicas que se utilizam desse mecanismo para fazer marketing institucional. Uma delas é da área financeira, outra da petrolífera e a terceira da de serviços postais, somando-se a elas uma empresa multinacional privada do ramo de tecnologias e soluções para o agronegócio. O Sesc-RS, institutos culturais e a prefeitura local também apoiam o evento.

Encontro Nacional de Teatro de Rua de Angra dos Reis (Entrar)

A arquitetura colonial das praças, os adros das igrejas, as ruas estreitas do comércio, o Mercado Municipal do centro histórico de Angra dos Reis – cidade fundada em 6 de janeiro

1. Disponível em: <http://ttrpa.com.br/>.

de 1502 – e o seu porto, onde atracam as escunas no vai e vem das 365 ilhas, transformam a cidade em um cenário ideal para o mais longevo encontro de teatro de rua do país, que acontece desde 1990 e já realizou dezessete edições. Ele surge quando os grupos e artistas do município reclamam, junto ao poder público local, da falta de acesso à formação teatral e da ausência de equipamentos culturais. O movimento ganha força e se estrutura, autodenomina-se Cuca – Centro Unificado de Cultura e Arte, conquista junto à prefeitura a realização de um encontro e organiza a primeira edição do evento, com onze grupos – oito de fora e três da cidade, entre eles o Revolucena e o Cutucurim. Este último, para evitar o fim ou a interrupção da atividade já consagrada em todo o país, assume definitivamente a organização a partir da 15ª edição, durante uma forte crise econômica/política na Fundação Cultural da cidade que, até então, vinha sendo sua única financiadora. O "novo" realizador amplia o encontro para o santuário ecológico da ilha Grande, distrito angrense e para os bairros e comunidades da periferia, e se utiliza da política de editais e dos mecanismos de renúncia fiscal para captar recursos. Assim, uma empresa pública do setor de energia nuclear que opera na região da Costa Verde fluminense passa a patrocinar o encontro.

O Entrar sempre teve como principal característica a troca de informações, reflexão e atividades formativas entre os grupos e a comunidade local. Uma das exigências dos organizadores é a permanência dos participantes durante todos os dias do evento, garantindo as discussão éticas e estéticas sobre o fazer teatral e a formulação de políticas públicas. Em 2009, durante a edição, é criado o Núcleo de Pesquisadores de Teatro de RBTR. Passaram pelo evento os mais antigos grupos de trabalho continuado em espaços abertos em atividade no país, como Teatro União e Olho Vivo (SP), Galpão (MG), Anônimo (RJ), Tá na Rua (RJ), Ói Nóis Aqui Traveis (RS), Oigalê (RS), Imbuaça (SE), Lume (SP), Carroça de Mamulengos (CE), Pia Fraus (SP), Vento Forte (SP), Grande Cia. de Mystérios e Novidades (RJ) e tantos outros.

Mostra de Teatro de Rua Lino Rojas

São muitos os encontros, mostras e festivais de teatro de rua na cidade de São Paulo, como a Mostra de São Miguel Paulista, a Mostra da Zona Norte, mas optamos pela Lino Rojas por entender que se caracteriza, principalmente, como uma das atividades do Movimento de Teatro de Rua de São Paulo (MTR/SP). Ela tem suas origens em 2003, com o I Seminário de Teatro de Rua, no Barracão Cultural Pavanelli, que consegue reunir doze grupos de teatro de rua da cidade para discutir e pensar o seu fazer teatral; nesse ano, organizam a I Overdose de Teatro de Rua. Em 2004, utilizando as novas tecnologias da informação e comunicação, criam um grupo virtual – surgindo o MTR/SP, reconhecido tanto pela prefeitura municipal quanto pela Cooperativa Paulista de Teatro – e realizam o II Seminário de Teatro de Rua, nas dependências da Funarte, além de um evento denominado Temporada do Teatro de Rua, na praça do Patriarca. Em 2005, a prefeitura aceita negociar com o MTR/SP e solicita um projeto para o teatro de rua; no ano seguinte, organizam a II Overdose de Teatro de Rua e, com apoio da Secretaria Municipal de Cultura, a I Mostra Lino Rojas, cujo nome é uma homenagem ao diretor teatral do grupo Pombas Urbanas – Arte em Construção, o peruano Lino Rojas, sequestrado e brutalmente assassinado um ano antes.

Em sua primeira programação, acontece o seminário Políticas Públicas Para o Teatro de Rua e a exposição fotográfica Filhos da Rua. Com a participação de vinte grupos teatrais, o encerramento é um grande cortejo pelas ruas do bairro Cidade Tiradentes, Zona Leste da capital, onde fica a sede do grupo Pombas Urbanas.

Na página do evento na internet seus organizadores o definem, informando que:

> A mostra se caracteriza, desde a primeira edição, por envolver os grupos reforçando sua identidade e profissionalismo, além de oferecer uma programação diversificada e contribuir com a difusão do fazer teatral em espaços públicos abertos, propondo que a rua deixe de ser um mero corredor de passagem e se torne um espaço de troca, decorrente das práticas artísticas.[2]

2. Disponível em: <http://mtrsaopaulo.blogspot.com.br>.

Apesar de ser voltada para os grupos de São Paulo, a mostra sempre homenageou companhias, coletivos, artistas ou movimentos que contribuíram para o desenvolvimento e a resistência das artes de rua em todo o país, como Amir Haddad e o Tá na Rua (RJ), o Movimento Escambo (CE/RN) etc. A última edição homenageou a atriz e militante do movimento, Lua Barbosa, brutalmente assassinada por policiais militares nas ruas de Presidente Prudente, interior do estado paulista.

Foram nove as edições consecutivas do evento realizadas pelo MTR/SP, desde 2006, sempre com um único patrocinador, a Prefeitura do Município de São Paulo, contando com o apoio da Cooperativa Paulista de Teatro, cujos coletivos são quase todos seus associados e da RBTR, da qual é articulador.

Festival de Arte Pública

Em 2012, após a grande discussão pública sobre a proibição da atividade dos artistas de rua na cidade do Rio de Janeiro, provocada pelo "Choque de Ordem" da prefeitura, os grupos e artistas, liderados pelo teatrólogo Amir Haddad, se organizam em um fórum semanal para discutir políticas públicas para as artes públicas; estruturados, conquistam a lei do artista de rua – de início, vetada pelo prefeito, mas, após forte embate, finalmente aprovada. E mais. Para se redimir do grave "erro político" cometido perante a classe artística e sua péssima repercussão, a prefeitura faz patrocínio por "escolha direta" (como em São Paulo, de uma verba de 1,09 milhão de reais) para a realização do primeiro Festival Carioca de Arte Pública, proposta apresentada pelo Fórum de Arte Pública.

A principal característica do projeto era a ausência de qualquer critério de "seleção" ou juízo de valor artístico. Bastava se cadastrar nas praças e se apresentar, recebendo um cachê que variava dependendo do número de componentes do espetáculo. O objetivo foi chamar a atenção da população para a função do artista de rua como "alma carioca" e as dificuldades de manutenção do ofício.

teatro(s) de rua e suas múltiplas dimensões

Os eixos norteadores foram definidos nas reuniões, a partir de relatos de experiência de grupos que já ocupavam praças da cidade. As ações desenvolvidas como apresentações teatrais, oficinas, debates e exposições artísticas foram organizadas e programadas por quatro grupos curadores: Tá na Rua, Off-Sina, Grande Companhia Brasileira de Mysterios e Novidades e coletivo Boa Praça.

Diferente de qualquer outro festival, o evento teve o seu período de realização entre 15 de janeiro e 15 de abril, de segunda a sábado e no último domingo de cada mês, nas seguintes praças: Harmonia, Largo do Machado, Arcos da Lapa, Tiradentes e Saens Peña. A instituição responsável foi o Instituto Tá na Rua para as Artes Educação e Cidadania, que assinou o contrato com a Prefeitura da Cidade do Rio de Janeiro e distribuiu a verba entre as quatro curadorias.

Os resultados do festival, obtidos pela militância de quatro grupos de artistas públicos da cidade em seis praças centrais, durante três meses, foram seiscentas apresentações e 760 grupos ou artistas públicos ou de rua cadastrados. O público estimado do evento foi calculado em dez mil pessoas.

A segunda edição do Festival Carioca de Arte Pública também obteve o financiamento da prefeitura carioca, com o mesmo valor do ano anterior. Teve início em 18 de abril de 2015 com duração prevista de seis meses. Em novo formato, mas com igual conteúdo, os artistas públicos se apresentam e promovem encontros, oficinas, festas e cortejos nos bairros da baixada de Jacarepaguá, subúrbios da Central do Brasil e da Zona Oeste, fortalecendo os grupos e os festeiros locais e cadastrando novos artistas-trabalhadores de rua. Além de descentralizar a oferta cultural do Rio de Janeiro, o festival faz uma prospecção das diversas formas de arte realizada em espaços abertos, como os grafites: "Em um lugar onde não há atividades culturais, a violência vira espetáculo!" era uma frase escrita nos muros do bairro da Praça Seca.

Temporada do Chapéu

A Temporada do Chapéu é um evento independente, organizado em parceira com grupos locais e simpatizantes das artes públicas. Com a intenção de criar um circuito de teatro que integre e motive a população de bairros e do centro da cidade, o evento vê sua participação efetiva na ressignificação das praças, feiras e ruas, enquanto espaço de convivência e acesso a produtos culturais. Tem a perspectiva de tornar-se cada vez mais amplo e consagrado na cena teatral de Campo Grande e de outras regiões do país, incluindo a fronteira de Mato Grosso do Sul.

O objetivo principal da Temporada do Chapéu é ocupar ruas, praças e feiras da capital, ampliando o acesso às formas de artes públicas e protestando contra a falta de incentivo do poder público e privado a estas artes livres, como performance, cortejo e teatro de rua. O formato do evento mescla as produções de grupos teatrais de Campo Grande e do interior de Mato Grosso do Sul, como Teatro Imaginário Maracangalha, Flor e Espinho, Teatral Grupo de Risco, Desnudos Del Nombre, T2, Colisão, Teatro ½ Fio (Campo Grande), Cia. de Teatro Maria Mole e Salim Haqsan (Corumbá) e Coletivo M'Boitatá (Dourados). O programa inclui seminários, como o Teatro de Rua em Campão, na sede do Teatro Imaginário Maracangalha – onde são discutidas estéticas e políticas públicas para espaços abertos, produzindo um diálogo de conhecimento teórico e prático a partir do processo de pesquisa dos grupos mato-grossenses-do-sul –, e diferentes encenações, intervenções e performances, além do cortejo de São Genésio.

A intenção de seus organizadores é criar um circuito de teatro que integre e motive a população de bairros e do centro da cidade de Campo Grande. Com isso, assume participação efetiva na ressignificação das praças, feiras e ruas, valorizando seu papel ativo enquanto espaço de convivência e de acesso a produtos culturais, buscando cada vez mais ampliar e avançar o intercâmbio com os países fronteiriços, em especial a Bolívia.

teatro(s) de rua e suas múltiplas dimensões   167

Encontros do Nordeste

O grupo Quem Tem Boca É Pra Gritar, de João Pessoa/PB, um dos integrantes do Movimento de Teatro de Grupo, criado em 1982, promove regularmente os eventos Tomada de João Pessoa Pelo Teatro de Rua e Encontro Para Reflexão do Teatro de Rua do Nordeste. As cidades de Maracanaú, Arneiroz, Maranguape e Pacatu, no Ceará, organizam conjuntamente seu festival de teatro de rua. O Movimento de Teatro de Rua da Bahia estrutura o A Roda Girou, em Salvador, reunindo grupos da capital e do interior para discutir o fazer da modalidade. No Maranhão, realizou-se por dois anos consecutivos o Festival Matraca de Teatro de Rua.

O Movimento de Teatro de Rua de Pernambuco é um dos mais antigos do país e, com frequência, oferece encontros de teatro de rua. No texto abaixo, ele se autodefine, após mais um encontro:

Súmula do Movimento do Teatro Popular de Pernambuco – MTP/PE

O Movimento de Teatro Popular de Pernambuco, denominado MTP/PE, criado em 1984, na cidade de Olinda, naquela época [composto por] Grupo de Teatro da Mustardinha, Grupo de Teatro Despertar, Grupo de Teatro Teimosinho, Grupo de Teatro Atual – GTA, Grupo Cênico Liberdade, [tem] como característica (perdurando até hoje), procurar estabelecer mecanismos de incentivo e sobrevivência dos grupos populares do estado.

[O MTP] É uma forma de comunicação direta, com o propósito de questionar, divertir e levar a necessidade de organização do povo em busca de seus direitos. É o teatro feito na perspectiva de transformação da realidade sócio-político-econômica-cultural.

Atualmente, o contingente do MTP/PE é formado pelos seguintes grupos: Teamu & Cia, Grupo de Teatro Popular Vem Cá, Vem Vê, percussores do movimento, além de Arteiros, Pressão no Juízo, Grupo de Teatro Rua Coquearte, Ifá-Rhadhá de Art' Negra, Cia. de Teatro Drão, Cia. Humor e Alegria, Grupo de Teatro Loucos e Oprimidos da Maciel, Teatro dos Amadores de Olinda – TAO, Cia. de Artes Hipnos. Na sua maioria, a produção de cada grupo mencionado se utiliza de recursos como música, improvisação, elementos da cultura popular (Pastoril, Bumba-Meu-Boi etc.) e as danças populares [e] no jeito lúdico de ser do povo, os espetáculos produzidos, na sua maioria, contribuem para o envolvimento e a participação das pessoas, provocando reflexões sobre a realidade em que vivemos.

O Movimento Escambo, idealizado por Júnio Santos, ex-integrante do grupo Alegria, Alegria, de Natal/RN, merece destaque na cena nordestina pela sua forma genuína de organização e financiamento. Ele descreve o movimento:

O Movimento Escambo Teatral Livre de Rua é um movimento de irradiação cultural que reúne, atualmente, além de grupos de teatro de rua, poetas e artistas populares dos estados do Rio Grande do Norte e do Ceará, com o intuito de socializar suas experiências artísticas, culturais, políticas e comunitárias. O Escambo surgiu em 1991 e, em janeiro de 2010, celebrou o XXV Escambo Popular, na cidade de São Miguel do Gostoso, realizando em 2015 a sua XXX edição.

O Escambo não tem data definida, podendo ocorrer mais de três eventos por ano, de acordo com as expectativas, necessidades e interesses dos grupos e artistas que atuam como seus articuladores. Em sua história, o Escambo só teve três encontros com recursos públicos oriundos de editais. Na maioria das vezes, o Escambo é bancado pelos próprios grupos, que dividem alimentação, assumem transporte e produção. As fichas de inscrição são remetidas via Rede [virtual] do Movimento Escambo, sendo que os grupos que não participam com espetáculos, indicam dois representantes e os grupos que vão pela primeira [vez] também participam apenas com dois representantes. A programação do Escambo tem como definição: pela manhã [acontecem] vivências e oficinas oferecidas à comunidade e aos escambistas; [no] início da tarde [são realizadas] rodas de conversa com as comissões de trabalho, abertas para todos os escambistas; [no] final da tarde [apresentações dos] cortejos e espetáculos; [à] noite, exibição de filmes nas ruas e grande roda de conversa do Movimento Escambo, aberta aos escambistas e à comunidade; [no] final da noite [acontece o] Escambar Poético em algum bar da cidade, com lançamentos de livros e escambos variados. Um mês após o encontro do escambo, representantes de grupos participantes se reúnem na cidade sede para socializar a avaliação dos grupos e dar retorno à comunidade [mostrando e compartilhando] vídeos e fotos produzidos no evento. O Escambo reúne artistas do teatro livre de rua (grande maioria), dança, capoeira (presente

teatro(s) de rua e suas múltiplas dimensões   169

desde o primeiro Escambo), cinema, artes plásticas e visuais, grafite e mestres populares convidados. O destaque do Escambo é a presença quase constante de nosso mestre maior, Amir Haddad, do grupo Tá na Rua, do Rio de Janeiro.

Com base em experiências tão distintas, finalizamos este livro, reafirmando a ideia de que, no Brasil, o que chamamos de "teatro de rua" é, na verdade, um conjunto complexo e multifacetado de expressões cênicas, um verdadeiro plural: "teatros" vinculados às mais diversas orientações estéticas, teóricas e ideológicas.

Sabemos, entretanto, que o entendimento dessa vertente não se limita à dimensão física do espaço – a "rua", ou mesmo a "cidade" –, embora sejam estes os seus espaços cênicos preferenciais, e que, tampouco, pode ser reduzida a uma mera técnica ou exercício teatral para o desenvolvimento de qualidades importantes para o ator. O teatro de rua se configura, hoje, não como uma modalidade única, mas como uma rede de manifestações cênicas que encontra um denominador comum na ideia de arte pública, enquanto arte acessível irrestritamente a todos os cidadãos e cidadãs, num momento em que a lógica do mercado avança sobre os espaços abertos das ruas e das mentes, exigindo novas estratégias de luta pela ocupação legítima dos espaços físicos e simbólicos que configuram nossa realidade.

FIG. 1: Reunião dos articuladores durante o Encontro Nacional da Rede Brasileira de Teatro de Rua na Aldeia de Arcozelo, em Paty do Alferes, Rio de Janeiro (2009).

FIG. 2: Reunião dos articuladores durante o Encontro da Rede Brasileira de Teatro de Rua em Canoas, Rio Grande do Sul (2010).

FIG. 3: Reunião dos articuladores durante o Encontro da Rede Brasileira de Teatro de Rua em Canoas, Rio Grande do Sul (2010).

◁ FIG. 4: Reunião dos articuladores durante o Encontro da Rede Brasileira de Teatro de Rua, em Londrina, Paraná (2014).

◁ FIG. 5: Reunião dos articuladores durante o Encontro da Rede Brasileira de Teatro de Rua em São Paulo (2009).

◁ FIG. 6: Reunião dos articuladores durante o Encontro da Rede Brasileira de Teatro de Rua em Teresópolis, Rio de Janeiro (2011).

FIG. 7: Reunião dos articuladores durante o Encontro da Rede Brasileira de Teatro de Rua na Área Viva, em Rio Branco, Acre (2014).

FIG. 8: Cortejo pela Cinelândia, no Rio de Janeiro (2014).

FIG. 9: Público do Festival Amazônia Encena na Rua na Arena Madeira Mamoré em Porto Velho, Rondônia (2012).

FIG. 10: *Reunião dos artistas-trabalhadores do Fórum de Arte Pública Casa do Tá Na Rua em São Sebastião, Rio de Janeiro (2013).*

FIG. 11: *Reunião dos pesquisadores do GT Artes Cênicas de Rua no Congresso da Associação Brasileira de Pesquisa e Pós-Graduação em Artes Cênicas (Abrace) na Universidade Federal do Rio Grande do Sul (2012).*

FIG. 12: *Apresentação do Homem-Banda do artista público gaúcho Mauro Bruzza em Porto Alegre, Rio Grande do Sul (2013).*

△
FIG. 13: Mostra Lina Rojas. Cena do espetáculo Um dia, um Rei, encenado pelo grupo Pombas Urbanas no Vale do Anhangabaú, em São Paulo (2014).

▷
FIG. 14: Mostra Bonde Rua. Seminário de Teatro de Rua com Licko Turle e Jussara Trindade no Colégio Brasileiro de Altos Estudos da Universidade Federal do Rio de Janeiro (2015).

FIG. 15: Seminário Teatro de Rua com Licko Turle e Jussara Trindade na Universidade Estadual de Londrina, no Paraná (2014).

FIG. 16: Cena de espetáculo de teatro de rua do grupo Vivarte em uma aldeia indígena no estado do Acre (2010).

CARTAZES DE EVENTOS

Referências

AGRA, Lúcio. *História da Arte do Século xx: Ideias e Movimentos*. São Paulo: Editora Anhembi Morumbi, 2004.

ALENCAR, Sandra. *Atuadores da Paixão*. Porto Alegre: Secretaria Municipal de Cultura/FUMPROARTE, 1997.

ALVES, José Francisco. Arte Pública: Produção, Público e Teoria. In: ALVES, José Francisco (org.). *Experiências em Arte Pública: Memória e Atualidade*. Porto Alegre: Artfólio/Editora da Cidade, 2008.

AUGÉ, Marc. *Não Lugares: Introdução a uma Antropologia da Supermodernidade*. Campinas: Papirus, 2010.

BAKHTIN, Mikhail. *A Cultura Popular na Idade Média e no Renascimento: O Contexto de François Rabelais*. São Paulo: Annablume, 2002.

BARCELLOS, Vera Chaves. Arte Pública: Um Conceito Expandido. In: ALVES, José Francisco (org.). *Experiências em Arte Pública: Memória e Atualidade*. Porto Alegre: Artfólio/Editora da Cidade, 2008.

BECKÄUSER, Frei Alberto. *Os Fundamentos da Sagrada Liturgia*. Petrópolis: Vozes, 2004.

BERTHOLD, Margot. *História Mundial do Teatro*. São Paulo: Perspectiva, 2001.

BRANDÃO, Carlos Antônio Leite. *Grupo Galpão: Diário de Montagem*. Belo Horizonte: Ed. UFMG, 2003.

BROOK, Peter. *A Porta Aberta: Reflexões Sobre a Interpretação e o Teatro*. 5. ed. Rio de Janeiro: Civilização Brasileira, 2008.

CAMARGO, Robson Corrêa de; REINATO, Eduardo José; CAPEL, Heloisa Selma Fernandes (orgs.). *Performances Culturais*. São Paulo/Goiânia: Hucitec/PUC-GO, 2011.

CARDOSO, Ricardo José Brügger. *A Cidade Como Palco: O Centro Urbano Como Lócus da Experiência Teatral Contemporânea — Rio de Janeiro — 1980/1992*. Tese de doutorado em Teatro, Rio de Janeiro, CLA/Unirio, 2005.

CARNEIRO, Ana Maria Pacheco. *Espaço Cênico e Comicidade: A Busca de uma Definição Para a Linguagem do Ator — Grupo Tá na Rua — 1981*. Rio de Janeiro: CLA/Unirio, 1998.

CARREIRA, André. Ambiente, Fluxo e Dramaturgias da Cidade: Materiais do Teatro de Invasão. *O Percevejo On-line*, Rio de Janeiro, v. 1, fasc. 1, jan-jun. 2009.

_____. Procedimentos de um Teatro de Invasão. *Cavalo Louco: Revista de Teatro da Tribo de Atuadores Ói Nóis Aqui Travêiz*, Porto Alegre, ano 3, n. 5, 2008.

_____. *Teatro de Rua: Brasil e Argentina nos Anos* 1980: *Uma Paixão no Asfalto.* São Paulo: Aderaldo & Rothschild, 2007.

_____. Formação do Ator e Teatro de Grupo: Periferia e Busca de Identidade. In: AQUINO, Ricardo Bigi de; MALUF, Sheila Diab (orgs.). *Dramaturgia em Cena.* Maceió/Salvador: Edufal/EDUFBA, 2006.

_____. Reflexões Sobre o Conceito de Teatro de Rua. In: TELLES, Narciso; CARNEIRO, Ana (orgs.). *Teatro de Rua: Olhares e Perspectivas.* Rio de Janeiro: E-papers, 2005.

_____. Espaço Urbano e Performance Teatral. *O Percevejo. Revista de Teatro, Crítica e Estética,* Rio de Janeiro, ano 11, n. 12, 2003.

CARREIRA, André. *A Cidade Como Dramaturgia.* Disponível em: <http://pt.scribd.com/doc/40287815/Andre-Carreira-A-Cidade-Como-Dramaturgia# scribd>. Acesso em: 3 dez 2015.

CARREIRA, André et al. Teatralidade e Cidade. *Cadernos do Urdimento,* n. 1. Florianópolis: Editora Udesc, 2011.

CARVALHO, Luciana Gonçalves de. O Riso na Praça Pública: Uma Análise das Trocas Verbais nos Espetáculos de Rua do Largo da Carioca. In: TELLES, Narciso; CARNEIRO, Ana (orgs.). *Teatro de Rua: Olhares e Perspectivas.* Rio de Janeiro: E-papers, 2005.

CERTEAU, Michel de. *A Invenção do Cotidiano* 1. *Artes de Fazer.* Petrópolis: Vozes, 1994.

CONCÍLIO, Vicente. Lugar, Imaginário e Construção Cênica: Reflexões Sobre Hygiene, do Grupo XIX de Teatro. In: CARREIRA, André (org.). *Teatralidade e Cidade.* Florianópolis: Editora Udesc, 2011. (Cadernos do Urdimento, 1)

COSTA, Iná; CARVALHO, Dorberto. *A Luta dos Grupos Teatrais de São Paulo Por Políticas Públicas Para a Cultura: Os Cinco Primeiros Anos da Lei de Fomento ao Teatro.* São Paulo: Cooperativa Paulista de Teatro, 2008.

DAMATTA, Roberto. *A Casa & A Rua: Espaço, Cidadania, Mulher e Morte no Brasil.* Rio de Janeiro: Rocco, 1997.

DEBORD, Guy. *A Sociedade do Espetáculo.* Rio de Janeiro: Contraponto, 1997.

DELEUZE, Gilles; GUATTARI, Félix. *Mil Platôs: Capitalismo e Esquizofrenia.* Rio de Janeiro: Editora 34, 1995. V. 1.

FOUCAULT, Michel. *Vigiar e Punir: Nascimento da Prisão.* Petrópolis: Vozes, 1999.

_____. *História da Sexualidade* I: *A Vontade de Saber.* Rio de Janeiro: Graal, 1988.

GASTAL, Susana. *Alegorias Urbanas: O Passado Como Subterfúgio.* Campinas: Papirus, 2006.

GROTOWSKI, Jerzy. *Em Busca de um Teatro Pobre.* Rio de Janeiro: Civilização Brasileira, 1987.

GUATTARI, Félix; ROLNIK, Suely. *Micropolítica: Cartografias do Desejo.* 10. ed. Petrópolis: Vozes, 2010.

GUÉNOUN, Denis. *O Teatro É Necessário?* São Paulo: Perspectiva, 2004.

_____. *A Exibição das Palavras: Uma Ideia (Política) do Teatro.* Rio de Janeiro: Teatro do Pequeno Gesto, 2003.

HADDAD, Amir. Espaço. In: TELLES, Narciso; CARNEIRO, Ana (orgs.). *Teatro de Rua: Olhares e Perspectivas.* Rio de Janeiro: E-Papers, 2005.

_____. *Abertura do Seminário de Arte Pública Ano Zero.* Disponível em: <https://seminarioartepublica. wordpress.com/>. Acesso em: 3 dez. 2015.

HUIZINGA, Joan. *Homo Ludens.* São Paulo: Perspectiva, 2005.

JACQUES, Paola Berenstein. *Estética da Ginga: A Arquitetura das Favelas Através da Obra de Hélio Oiticica.* Rio de Janeiro: Casa da Palavra/RioArte, 2001.

referências

JAMESON, Fredric. *Pós-Modernismo: A Lógica Cultural do Capitalismo Tardio*. São Paulo: Ática, 2000.

KOSOVSKI, Lidia. A Casa e a Barraca. In: TELLES, Narciso; CARNEIRO, Ana (orgs.). *Teatro de Rua: Olhares e Perspectivas*. Rio de Janeiro: E-papers, 2005.

_____. Espaço Urbano e Performance Teatral. *O Percevejo: Revista de Teatro, Crítica e Estética*, Rio de Janeiro, ano 11, n. 12, 2003.

_____. *Comunicação e Espaço Cênico: Do Cubo Teatral à Cidade Escavada*. Tese de doutorado em Comunicação e Cultura, Rio de Janeiro, ECO/UFRJ, 2001.

LEFEBVRE, Henri. *O Direito à Cidade*. São Paulo: Centauro, 2001.

LEMES, Renata Kelly da Silva. *Entre o Corpo e a Rua: Percursos de um Teatro*. Dissertação de mestrado em Artes, Instituto de Artes da Universidade Estadual de Campinas, 2010.

LIGIÉRO, Zeca. Flávio de Carvalho e a Rua: Experiência e Performance. *O Percevejo: Revista de Teatro, Crítica e Estética*, Rio de Janeiro, ano 7, n. 7, 1999.

LIMA, Evelyn Furquim Werneck. *Das Vanguardas à Tradição: Arquitetura, Teatro e Espaço Urbano*. Rio de Janeiro: 7 Letras, 2006.

LYNCH, Kevin. *A Imagem da Cidade*. São Paulo: Martins Fontes, 1988.

MAFESSOLI, Michel. *A Transfiguração do Político: A Tribalização do Mundo*. Porto Alegre: Sulina, 1997.

MATE, Alexandre. Tantos Tecimentos Narrativos Tomando a Rua Como Musa Inspiradora... Para Quem a Rua É Musa? Quem É a Musa das Ruas? Seminário Nacional de Dramaturgia Para o Teatro de Rua. *Caderno I*. Centro de Pesquisa Para o Teatro de Rua Rubens Brito/Núcleo Pavanelli, 2011.

MERLIN, Pierre; CHOAY, Françoise. *Dictionnaire de l'urbanisme et de l'aménagement*. 3. ed. Paris: PUF, 2010.

OLIVEIRA, Jessé. *Memória do Teatro de Rua em Porto Alegre*. Porto Alegre: Ed. Ueba/Impressão Lorigraf, 2010.

PAVIS, Patrice. *Dicionário de Teatro*. São Paulo: Perspectiva, 2003.

PISCATOR, Erwin. *Teatro Político*. Rio de Janeiro: Civilização Brasileira, 1968.

RANCIÈRE, Jacques. *A Partilha do Sensível: Estética e Política*. São Paulo: Editora 34/Exo, 2005.

RIBEIRO, Martha. O Novo Teatro e a Explosão do Espaço Autobiográfico: Memória ABRACE X, 2006, Rio de Janeiro. *Anais do IV Congresso Brasileiro de Pesquisa e Pós-Graduação em Artes Cênicas*. Rio de Janeiro: Universidade Federal do Estado do Rio de Janeiro, 2006.

ROUBINE, Jean-Jacques. *Introdução às Grandes Teorias do Teatro*. Rio de Janeiro: Jorge Zahar, 2003.

SANTOS, Milton. *A Natureza do Espaço: Técnica e Tempo, Razao e Emoçao*. Sao Paulo: Edusp, 2002.

SANTOS, Valmir (org.). *Aos Que Virão Depois de Nós – Kassandra in Process: O Desassombro da Utopia*. Porto Alegre: Tomo, 2005.

SCHECHNER, Richard. *El Teatro Ambientalista*. Ciudad de México: Árbol, 1973.

SCHEFFLER, Ismael. Diferentes Camadas de Recepção em "A Breve Dança de Romeu e Julieta". In: CARREIRA, André (org.). Teatralidade e Cidade. Florianópolis: Editora Udesc, 2011. (Cadernos do Urdimento, 1)

SILVA, Fernando Pedro da. Arqueologia da Memória: A Arte em Diálogo Com as Comunidades. In: ALVES, José Francisco (org.). *Experiências em Arte Pública: Memória e Atualidade.* Porto Alegre: Artfólio/Editora da Cidade, 2008.

_____. *Arte Pública: Diálogo Com as Comunidades.* Belo Horizonte: C/Arte, 2005.

STANISLAVSKI, Constantin. *A Criação de um Papel.* Rio de Janeiro: Civilização Brasileira, 1972.

TEIXEIRA, Adailtom Alves. *Identidade e Território Como Norte do Processo de Criação Teatral de Rua: Buraco d'Oráculo e Pombas Urbanas nos Limites da Zona Leste de São Paulo.* Dissertação de mestrado em Artes, Unesp, 2012.

TELLES, Narciso; CARNEIRO, Ana (orgs.). *Teatro de Rua: Olhares e Perspectivas.* Rio de Janeiro: E-papers, 2005.

TELLES, Narciso. *Pedagogia do Teatro e o Teatro de Rua.* Porto Alegre: Mediação, 2008.

TURLE, Licko; TRINDADE, Jussara (orgs.). *Teatro de Rua no Brasil: A Primeira Década do Terceiro Milênio.* Rio de Janeiro: E-papers, 2010.

TURLE, Noeli da Silva. *Teatro de Rua É Arte Pública: Uma Proposta de Construção Conceitual.* Tese de doutorado em Teatro. CLA/Unirio, 2011.

VIEIRA, César. *Em Busca de um Teatro Popular.* 4. ed. Ministério da Cultura/Funarte, 2007.

Sites

BLOG de Teatro de Rua. Disponível em: <www.teatroderuaeacidade.blogspot.com>. Acesso em: 3 dez. 2015.

BLOG do Movimento de Teatro de Rua de São Paulo. Disponível em: <http://mtrsaopaulo.blogspot.com. br>. Acesso em: 3 dez. 2015.

PORTAL da Associação Brasileira de Pesquisa e Pós-Graduação em Artes Cênicas. Disponível em: <www.portalabrace.org>. Acesso em: 3 dez. 2015.

PORTAL de História do Teatro Mundial e Brasileiro do Instituto de Artes da Unesp. <www.teatrosemcortina. ia.unesp.br>. Disponível em: 3 dez. 2015.

REDE Brasileira de Teatro de Rua. Disponível em: <http://rbtr.com.br/wordpress/>. Acesso em: 3 dez. 2015.

REVISTA Arte e Resistência na Rua (MTR-SP). Disponível em: <http://rbtr.com.br/>. Acesso em: 3 dez. 2015.

SÉTIMO Festival Internacional de Teatro de Rua de Porto Alegre. Disponível em: <http://ftrpa. com.br>. Acesso em: 19 abr. 2016.

Este livro foi impresso em Cotia,
nas oficinas da Meta Brasil,
para a Editora Perspectiva.